少年不内耗
比学习成绩更重要的事

安泽　编著

科学普及出版社
·北　京·

图书在版编目（CIP）数据

少年不内耗：比学习成绩更重要的事 / 安泽编著.
北京：科学普及出版社，2025. 7. -- ISBN 978-7-110
-10992-2

Ⅰ. G444

中国国家版本馆CIP数据核字第2025HD3870号

策划编辑	郭 佳
责任编辑	王 蕊 白李娜 李 睿 林 然 王惠珊 王 帆
封面设计	仙 境
版式设计	翰墨漫童
责任校对	张晓莉
责任印制	徐 飞
出 版	科学普及出版社
发 行	中国科学技术出版社有限公司
地 址	北京市海淀区中关村南大街16号
邮 编	100081
发行电话	010-62173865
传 真	010-62173081
网 址	http://www.cspbooks.com.cn
开 本	787mm × 1092mm 1/16
字 数	150千字
印 张	9
版 次	2025年7月第1版
印 次	2025年7月第1次印刷
印 刷	鸿鹄（唐山）印务有限公司
书 号	ISBN 978-7-110-10992-2
定 价	59.80元

目录

第一章 从自卑到自信，勇敢做自己

第二章 做情绪的小主人

第三章 比成绩更重要的独立生存课

第四章 失败不可怕，越战越强大

第五章 为什么朋友比分数更重要

第六章 爸妈，我有话要说

第七章 别笑！我要让梦想成真

第一章

从自卑到自信，勇敢做自己

1　考砸了，自信心受到打击，怎么办

2　我很努力，为什么还是不如别人

3　我很自卑，不敢见人，怎么办

4　如何赢得别人的认可与称赞

5　摆脱玻璃心，过分在意他人评价是一种内耗

1 考砸了，自信心受到打击，怎么办

情境小剧场

校门口，洋洋低着头沮丧地走着，欣欣赶上去询问。

欣欣 瞧你难过成这样，谁欺负你了？

洋洋不说话，却突然抬手敲自己的头。

欣欣见状，赶紧拉住他。

欣欣 （惊愕地）啊！你为什么要打自己呢？

洋洋 （挣扎着还要敲头）我要把自己的脑袋砸开窍！

欣欣 你聪明着呢，还要开什么窍？！

洋洋 科学是我的拿手学科，可是这次考得一塌糊涂！

欣欣 怎么会这样呢？我还经常向你请教科学问题呢！

洋洋 我要好好找找原因……

扁鹊问诊

人生哪能一帆风顺呢，总是有起有落。怎么能因为一次考试考砸了就这样自责呢？考砸了并不可怕，可怕的是一蹶不振，不再努力了。因此，你不要过度自责或否定自己。相反，你应对自己进行积极暗示，冷静下来，认真分析考试失败的原因：是没有努力学习、知识掌握得不够扎实，还是考试时紧张或其他原因。从失败中吸取教训，采取相应的措施来改进。最后，制订一个可行的大目标，将大目标分成一个个小目标，逐步去实现。

成长急救站

一、不要过度自责，进行积极的自我暗示

扁鹊的话让洋洋很受启发，他开始思考自己的问题，并且按照建议去做。

洋洋意识到一直自责考试成绩不理想，只会陷入更深的自我怀疑中，对改变现状没有任何帮助。于是，他决定改变这种消极的想法，进行积极的自我暗示。他告诉自己：“这次考砸了没有关系，下次努力考好。我会做得更好，只要我不放弃！”

二、找到失败的原因，吸取教训

接下来，洋洋开始寻找这次考砸的原因，自我反省：以为自己的科学一向学得不错，有些骄傲了，这次考试前没有好好复习；在考试时，注意力不够集中，有些题只是匆匆一瞥觉得自己会做，就没有认真审题，结果中了出题人的“圈套”；还有就是课本中的一些基础知识，由于觉得简单，没有引起足够的重视，学习得也不深入，因此掌握得并不牢固。

三、制订可行计划，重拾信心

找到了考砸的原因，洋洋开始制订可行的计划：上课时，尤其是科学课，不再自以为内容简单就随便听听，而是集中注意力听老师讲课；为了解决之前学过的东西很快会遗忘这个问题，课后认真复习前一节的内容，预习新一节的内容，以此类推。洋洋发现，这样实践下来，复习的内容和新学到的知识都能够贯通起来。他也开始尝试一些新的学习方法，比如看一些有趣的科学视频，与同学一起探讨问题、一起做科学实验。这些方法让他更加喜欢科学这门课，也让他更加自信。当他开始按照计划做时，他发现自己找回了自信。

有了方向不迷茫

经过一段时间的努力，我找回了自信。我发现，学习并不是一件难事，当我认真对待它时，再加上努力和合适的方法，就可以取得好成绩。我现在非常喜欢科学这门课，尤其喜欢和同学们一起做科学实验、讨论科学问题，同时也积极地向老师、同学请教自己不懂的问题。我变得越来越自信了。这件事让我认识到，当面临挫折和失败时，不要过度自责，要积极地面对自己的问题，找到失败的原因，制订可行的计划。只有这样，才能够克服困难，取得更好的成绩。

知识有力量

自信和自负好像是一对孪生兄弟，自信过头就是自负。自信的人相信自己的能力、肯定自己的价值和目标，并且相信自己能够实现这些目标。自负的人则过分自信，认为自己的能力、价值和目标高于他人，并且不愿意接受他人的建议和批评。自信和自负在人格特质方面有很大的不同：自信的人通常更加积极、自主和有决心；而自负的人则可能更加固执、以自我为中心，不肯反思。

2 我很努力，为什么还是不如别人

情境小剧场

欣欣

欣欣和洋洋站在操场上，欣欣看着开心玩耍的男生，露出羡慕而沮丧的表情，洋洋见了连忙询问。

洋洋 （关切地）欣欣，你的表情很奇怪呀，怎么了？

欣欣 （指着一个人）我真羡慕饶子康！

洋洋 他这次考试又是全班第一，是大家羡慕的对象。

欣欣 我上学比他到得早，放学比他走得晚，可他的学习成绩就是比我好！唉！

洋洋 呵呵，我就没这样的心理负担。

欣欣 他没有我努力，可我就是不如他！为什么？

洋洋 这真是一个好问题，难道真是他更聪明？

欣欣 我要去问扁鹊，请他给我一个答案。

你学习很努力，可是成绩没有同学好，可能是你的学习方法不正确，俗话说“方法不对头，累死一头牛”；也可能是你不够自信，从而产生焦虑，压力过大导致学习效果不好；还可能是没有得到充分的支持和帮助，学习遇到困难总是咬牙自己扛，不肯请教别人，这也会影响学习效果。因此，给你三点建议：一是找到适合自己的学习方法，并不断调整和改进；二是培养积极的学习态度，并保持心态平衡；三是积极寻求他人的支持和帮助。

成长急救站

一、找到适合自己的学习方法

听了扁鹊的分析与建议，欣欣觉得自己的学习方法存在问题，她自言自语：“适合我的学习方法啊，你在哪里？我一定要找到你！”

欣欣询问饶子康是怎么学习的，总结自己之前学习方法中存在的问题，终于找到了适合自己的学习方法：一是制订明确的学习计划，避免学习的迷茫和无序；二是充分利用多种感官进行学习，比如听讲时注重理解，看书时注重记忆，通过动手实践加深记忆；三是及时反思和总结自己的学习过程和结果，找出不足之处和错误，并进行针对性的改进和提高。

二、培养积极的学习态度

欣欣认为自己在学习中不够自信，有时看到自己这么努力学习，饶子康学得很轻松却比自己成绩好，就会觉得自己的努力没有意义，是在浪费时间，甚至产生自暴自弃的念头。

扁鹊的一句话让欣欣印象深刻：“与其关注别人走得有多快，不如关注自己走得有多远。确定了自己的目标，脚踏实地地向前走，就算结果不如预期，但在过程中积累的宝贵经验，也会让你有所收获。”

欣欣告诫自己不能再自暴自弃了，一定要积极面对学习中的困难，迎接挑战。

三、寻求他人的支持与帮助

欣欣发现自己也有虚荣的一面，有时明明不懂，怕别人笑话自己，于是不懂装懂。

欣欣列出了一个“我的后援”名单，比如爸爸的数学好，妈妈的语文好，洋洋的自然科学知识丰富，饶子康学习方式灵活……

欣欣决定抛弃可笑的虚荣心，遇到不懂的知识自己先钻研，钻研不通就寻求帮助，充分发挥后援团的力量，相信自己的学习成绩一定会提高。

有了方向不迷茫

从今天起，我开始执行全新的学习计划。我发现自己不像从前那么紧张与焦虑了，也不会因为看到饶子康在那里玩，而我还在学习，就心生忌妒，恨自己不够聪明。现在我知道要按照自己的节奏来学习，不会因为别人而打乱计划。我有自己的个性与习惯，现在也找到了适合自己的学习方法，为什么要处处跟饶子康比呢？你看他在玩，也许他是在劳逸结合呢！没必要总跟别人比，跟自己比才最重要，今天的自己是否比昨天的自己进步了一点儿，哪怕只有一点点，日积月累，也会是巨大的进步。加油吧，李欣欣！

知识有力量

有些同学学习很努力，可成绩总是不尽如人意，就觉得自己笨，没有别人天赋高。我们不否认有的人天赋高，但也不能夸大天赋的作用，而放弃努力。一个天赋高的人，能迅速掌握新知识、新技能，但如果不付出努力，也很难取得太大的成就。而一个看上去不怎么聪明的人，如果持之以恒地努力，也能取得令人瞩目的成就。

3 我很自卑，不敢见人，怎么办

情境小剧场

欣欣低头看着地面发呆，洋洋走到她跟前。

洋洋 欣欣，你是不是有什么烦恼？

欣欣 （伸手遮脸）我胖了，有同学嘲笑我长了一张“柿饼脸”，我很自卑。

洋洋 （盯着欣欣仔细看）没有啊，他们说得太夸张了！你要相信自己，你很有爱心，也很健康。

欣欣 是吗？我甚至都不想去上学了。

洋洋 你千万不能这样想！不要因为他们的话而自卑！

欣欣 好的，我会试试的。谢谢你，洋洋。

洋洋 不用谢，好朋友应该互相帮助。

欣欣 很开心有你这么一个好朋友！我现在觉得好多了！

洋洋 为了让你更好，我带你去见扁鹊，让他开导一下你！

人生在世，难免被人评头论足。有则改之，无则加勉，不要因为别人的某些话而自卑。我们要学会正确认识自己，接受自己的不足。每个人都有自己的优点和不足，没有完美的人，应该接受自己的不足，不要因为别人的嘲笑而否定自己；要善于发现自己的优点，让自己变得阳光、自信，比如每天早上给自己一个微笑，计划好当天要做的事情；多去尝试新事物，结交新朋友，让自己的生活更加充实。

成长急救站

一、正确认识自己，接受自己

这段时间，欣欣都不敢照镜子，在同学面前走过时总是低着头，甚至一度连晚餐都不吃了。听了扁鹊的建议，欣欣意识到要正视自己的现状，接受自己的真实情况。

欣欣走到镜子前看看自己，再看看之前的照片，发现身体确实有些“胖”，但看着镜子里有些肉肉的脸蛋似乎更加可爱，不由得露出微笑。她突然想起来妈妈说过：“欣欣正在长身体，好好吃饭才能长高。”欣欣想：“我还要长高呢，争取超过妈妈。”当她开始接受自己时，自卑的阴影渐渐消散。

二、发现自己的优点，克服自卑心理

吃过晚饭，欣欣接到洋洋的电话，还没开口说话，就听见洋洋噼里啪啦地讲起来："在我眼里，你是一个乐于助人的女生，一点儿都不胖；你演讲比赛、辩论赛都拿了奖，在我心里可厉害了；你的作文也写得顶呱呱，你一点儿也不胖；你还……反正就是一点儿都不胖。"洋洋语无伦次的话，早把欣欣逗笑了。欣欣发现自己在朋友眼里，原来有这么多闪光点。这个时候，胖不胖早已不是欣欣的心结，她越来越全面地认识了自己，开始有了自信。

三、接触新事物，结交新朋友

其实，按照洋洋与爸爸妈妈的观察，欣欣的脸就是长圆了一点儿，绝对不是"柿饼脸"。欣欣变得开朗、阳光，积极参加集体活动、兴趣小组……不断接触新事物，结交新朋友。接触新事物，让她心情愉快；而结交的新朋友，也没人计较她是不是有一张"柿饼脸"，反而因为她乐于助人愿意跟她交往。就这样，欣欣摆脱了被人说"柿饼脸"带来的自卑，变得自信起来。

有了方向不迷茫

这次发生在我身上的“柿饼脸事件”一度让我备受打击，一开始我并没有意识到自己长胖了，当偶然听到两个男生在背后议论我并用“柿饼脸”指代我时，我有被人当头打了一闷棍的感觉。从此我走路时低着头，与人说话尽量侧身，也不参加集体活动，一心想减肥……结果把自己弄成了“孤家寡人”。好在洋洋及时鼓励我，又得到扁鹊的开导，我才意识到不能过于在意自己的胖瘦问题，越在意这一点，就越会放大这一点。其实，我的好朋友们并不在意我胖不胖，我们每天依然相处得很开心。经过一段时间的调整，我终于走出了“胖”的自卑阴影。最令人高兴的是，我最近又瘦了一点儿，这应该和我积极参加户外活动有关！

知识有力量

正向心理学强调积极的思维方式、行为习惯和情感体验，以及对自己和他人的积极评价和感受。它旨在帮助人们更好地应对生活中的挑战和困难，实现自我提升和成长，建立积极的人际关系和自我认知。而学习正向心理学，可以帮助我们更好地认识自卑的本质和影响，从而更好地应对自卑，远离自卑。

4 如何赢得别人的认可与称赞

情境小剧场

校园内，洋洋与欣欣一起走着聊着，这时陈禹清从不远处走过，引起许多同学注目。

洋洋 （感叹）陈禹清真是人见人爱啊！

欣欣 是啊！老师和同学们都喜欢他！

洋洋 （羡慕地）我要是能赢得这么多的认可与称赞，该多好哇！

欣欣 我觉得我们可以尝试一些方法来让自己受到更多的称赞。比如在班级里，我们可以多帮助别人，这样别人就会更加喜欢我们，认可我们的价值。

洋洋 嗯，你说得有道理。还有呢？

欣欣 还有……我也说不好。

洋洋 走，我们一起去问高人扁鹊去！

每个人都渴望赢得别人的认可与称赞，这可以增强我们的自信心，可是该怎么做呢？以下三点建议供参考：一是努力做好自己，扮演好自己的角色。在家里你是孩子，在学校你是普通学生或班干部，每个角色都有各自的特点，要扮演好一定要用心，还要不断在各方面提升自己。二是与他人交往时，你要关注对方的需求和感受，及时地提供帮助、做出回应，这将让对方对你产生好感和信任。三是对于班集体或小团队获得的荣誉，即使你的贡献最大，也要保持谦虚的态度，不要自吹自擂。要真诚赞美他人的付出，认可他人的贡献。

成长急救站

一、努力扮演好每个角色并不断提升自己

洋洋决定先从自己开始做起，扮演好每个角色。在家里，他是孩子，会做力所能及的家务，不断提升自己的家庭责任感。在学校里，他是学生，还是机器人兴趣小组的组长。他上课认真听讲，及时完成老师布置的作业，肩负起小组长的责任。除此之外，他积极参加各种活动，如体育比赛、文艺演出等。

二、关注他人的需求和感受

在学校里，洋洋总是主动向遇到困难的同学伸出援助之手，帮助他们解决问题。看到有的同学情绪不好，他会真诚地与他们交流，了解他们的想法和遇到的困难，使他们感到被关注、被支持和被理解。与父母相处时，他看到妈妈很累，就主动洗碗、扫地，让妈妈休息一下；看到爸爸因为工作压力大而愁眉苦脸时，他会讲一些好笑的段子或有趣的事给爸爸听，让爸爸放松一下。

三、真诚地赞美他人，认可他人的贡献

在班级活动中，洋洋十分重视团队合作，努力发挥自己的长处，与同学紧密配合，共同努力，从而取得了不错的成绩。在获得表扬和荣誉的时候，他总是夸赞同学们，对大家的辛勤付出和贡献赞不绝口。他的这种态度也感染了身边的同学，让大家学会了认可别人的贡献，变得更加友善与谦虚。这样做让他赢得了师生的普遍认可与称赞，他也变得更自信了。

有了方向不迷茫

以前因为不能像陈禹清那样受到别人的认可与称赞而苦恼，现在我也成了一个受到许多人认可与称赞的人。这时我才真正明白：要想得到别人的认可与称赞，首先要学会认可别人与称赞别人，而且这种认可与称赞应该是真诚的、发自内心的。当然，只这样做是不够的，自己还要有让别人认可与称赞的品质与能力。通过自己的努力赢得的认可与称赞，会让人充满自信。不过我也时时提醒自己不要自满！

知识有力量

我们要赞美别人，但不要拍别人马屁，这二者的区别在于赞美是针对对方的优点进行积极评价，而拍别人马屁是通过奉承来博取对方的好感。赞美是出自真心和善意，旨在鼓励和表扬对方，使对方感受到尊重和认可。而拍别人马屁往往是出于利益的驱使，带有一定的功利性。赞美是基于对对方的了解，以及对其价值和贡献的认可，而拍马屁则往往是表面讨好，对别人缺乏真正的了解。

5 摆脱玻璃心，过分在意他人评价是一种内耗

情境小剧场

欣欣

操场上，欣欣的眼睛红红的，看起来像刚哭过。洋洋见状赶紧询问。

洋洋 （关切地）欣欣，你的作文刚在市里获奖，应该高兴呀。

欣欣 就是因为作文获奖引起的……

洋洋 （不解地摸头）究竟怎么回事呀？

欣欣 我听到有的同学说我获奖后变骄傲了。

洋洋 我不这么认为啊。

欣欣 我不知道该怎么做了。

洋洋 你要坚定信心，不要受他人的评价影响！

你要始终保持自信，不受他人的评价影响，可以从以下几个方面来做：首先，要正确认识自我，了解自己的优点，这样做可以帮助你更加自信地面对别人的评价，从而减少受他人评价的影响。其次，要理性地看待评价。有的评价是建设性的，是有价值的，就要听取。如果他人的评价是不友善的或充满恶意，可以不予理睬，避免陷入他人的“攻击波”。最后，要建立正确的价值观，做到心态平和。不要因为别人的赞扬而得意忘形，也不要因为别人的批评而自卑。明确自己的目标，不因他人的负面评价而打乱自己的节奏！

成长急救站

一、客观认识自己的优点和缺点

欣欣意识到只有了解自己的优点和缺点，才能更加自信地面对别人的评价。

她开始思考自己写作中的问题，并且记录下作文的优点和缺点。这样做，她发现这篇作文有很多优点，例如思路清晰、语言流畅。同时，她也发现有一些缺点，如有时候词不达意或者缺乏创新性。但是，她相信，只要继续努力，就能够改掉这些缺点。

二、理性地看待他人的评价

对于他人的评价，欣欣认识到要理性看待。评价有好有坏，有积极的也有消极的。对于那些友善和建设性的评价，她会仔细倾听，并且引起注意。而对于一些不友善或充满恶意的评价，她不会受它们的影响，而是继续前行。她知道，有些人可能不了解她，因此他们的评价是不准确的。

三、树立正确的价值观

经过扁鹊的提醒，欣欣发现树立正确的价值观很重要。她要了解自己真正的需求和目标，不要在乎外界的评价。这并不是说她要忽视别人的评价，而是说她要以一种更加平和的心态来看待它们。当受到批评时，她不会过度自责或沮丧，而是反思自己的不足之处，并且努力改进。她也明白，不能因为别人的赞扬而得意忘形，迷失方向。相反，她应该更加关注自己的成长和进步，并且始终保持谦虚和真诚的态度。

有了方向不迷茫

我的作文在市里举办的作文比赛中获奖了，我收到了很多祝贺与赞扬。一开始我很开心，兴奋得一晚没睡着。第二天去上学精神有些不好，有几个同学跟我打招呼，我没有注意到，于是被人说成是骄傲自大，不理人了。特别让我难受的是，我在发表获奖感言时，说自己下一个目标是在全国作文比赛中获奖，结果被人嘲笑。我知道这很难，但作为理想去追求也不行吗？好在经过一段时间的心理调整，我对他人的评价不那么敏感了。走自己的路，让别人说去吧。

知识有力量

"走自己的路，让别人说去吧。"这句话是意大利伟大诗人但丁说的。我们在人生的旅途中会遇到很多人，有的人或许会嘲笑我们，但是我们不应该受他们的评价影响。不必在意别人异样的眼光，因为这是我们自己的选择。我们应该做自己想做的事，成为我们想成为的人。这句话鼓励人们要坚定自己的信念和目标，在遭遇困难和挑战时，不要被外界的声音动摇，要坚定地追求自己的梦想。

第二章

做情绪的小主人

6 如何做一个积极乐观的人

情境小剧场

课间休息时，洋洋趴在桌上津津有味地看书，欣欣见状走了过去。

欣欣 你看什么呢？这么专注！

洋洋 我在看一本介绍北宋大文豪苏东坡的书。

欣欣 你有什么感想啊？

洋洋 （激动地）我真是太佩服他积极乐观的精神了！

欣欣 哦，我读过他的词，但对他这个人还不是很了解。

洋洋 他被流放到偏僻的地方，却能苦中作乐写出美妙文章！

欣欣 啊，你看完了吗？看完了借给我看看。

洋洋 好的。我希望成为一个像苏东坡一样积极乐观的人。

欣欣 那你得好好想想如何做一个积极乐观的人……

你向北宋大文豪苏东坡看齐，想成为一个像他那样积极乐观的人，很好哇！你可以从日常生活中的小事做起，积极面对生活中的困难和挑战，逐渐变得积极乐观。要成为一个积极乐观的人，就要保持良好的心态与习惯、学会感恩、与人为善，心怀梦想并坚持做自己。培养积极乐观的精神，可以让自己更加健康、快乐、积极和有责任心，同时也能把快乐与幸福传递给身边的人。

一、保持良好的心态与习惯

洋洋认识到心态是影响一个人思维方式、情绪和行为的重要因素，调整心态可以使自己成为一个积极乐观的人。自己需要学会接受事物的正反面，并尽可能从积极的角度看待问题，这样可以减少负面情绪的影响，让自己变得更加积极乐观。而保持健康的生活方式、规律的作息时间和良好的饮食习惯，有助于保持身体健康。

二、学会感恩，与人为善

感恩不仅是对别人的帮助和关心表示感激，更是一种积极的心态和生活态度。感恩可以让自己具有爱心和关怀他人的能力，使生活充满正能量。与人为善，能避免和别人发生冲突，更好地融入集体和社会，让自己的生活更加和谐与幸福。

三、心怀梦想，坚持做自己

我们需要具体、可行的人生目标。设立人生目标对于个人成长和发展非常重要，它能够告诉我们要往哪里前进，以及怎样才能到达那里。梦想是人前进的动力和方向，能够激发我们的潜力和创造力。同时，我们也要学会享受生活，让自己的生活更加充实、有意义。生活中的美好不只在于追逐未来，还在于享受当下。我们要坚持做自己，不要因为别人的期望或评价而改变自己。我们应该相信自己的能力和价值，不以他人的眼光为最终评判标准。

洋洋相信这样做就可以成为一个积极乐观的人。

有了方向不迷茫

最近看了北宋大文豪苏东坡的故事，我非常佩服苏东坡不论在多么艰苦的环境中都能保持积极乐观的心态，我也希望成为一个像他那样的人。苏东坡先是被贬到黄州，后来又被贬到惠州，最后被流放到了儋州。这三个地方在当时都是穷乡僻壤，然而苏东坡每到一处总能保持乐观的心态，克服困难，活得有滋有味，还能与当地民众相处融洽，将知识与文化带到当地，造福一方。要想成为像苏东坡那样乐观的人，就需要学会从积极的角度看待生活中的困难和挑战。我要将苏东坡视为自己的偶像，向他学习。

知识有力量

现代著名作家林语堂说：“苏东坡是一个无可救药的乐天派。”这是因为苏东坡的个性非常独特，具有极强的乐观精神和积极向上的生活态度。苏东坡在生活中常常表现出一种随遇而安、积极乐观的态度，他多次被流放到缺衣少食之地，然而不论遭遇什么样的挫折和困难，他总是能够保持一种乐观的心态，并找到一种积极的方式来应对。

7 被冒犯了，怎样控制自己的愤怒

情境小剧场

校门口，洋洋背着书包往校内走，欣欣背着书包气冲冲地走过来。

欣欣 （挥舞拳头）真是气死我了！有个同学把我撞倒了！

洋洋 （关切地）啊！你受伤没有？

欣欣 只擦破了一点儿皮。

洋洋 哦，那就好。

欣欣 （火气更大地）好什么呀？我心理上受伤严重！

洋洋 （惊疑地）怎么回事呀？

欣欣 他不但没有跟我道歉，还怪我太胖，身体不灵活！

洋洋 这人也太没素质了！真够气人的！（双手握拳，气鼓鼓的）

欣欣 太让人生气了！

扁鹊问诊

被人冒犯时，容易情绪失控，但是我们要尽量控制自己的愤怒情绪，这有助于避免冲突的发生，保持和谐的人际关系。被激怒时，我们要尽可能地保持冷静和理智。愤怒时，请不要立刻做出决定或行动，暂时放下争论或冲突，冷静思考！我们可以进行一些运动，释放愤怒情绪，让自己感觉更放松和平静。当感到气愤时，我们可以尝试从别人的角度去看问题，也许能理解对方为什么会有这样的言行，也可能会发现自己的不当之处。这样做能够控制自己的愤怒情绪，更加理智地处理与他人的冲突。

成长急救站

一、保持冷静，冲动是魔鬼

接受了扁鹊的心理辅导后，欣欣冷静了下来，她认识到冲动是魔鬼，不能在冲动的时候轻易做决定。当被冒犯了，感到愤怒和委屈时，自己要控制住情绪，不要随意采取行动。欣欣找了个安静的地方坐下来，让自己平静下来。随后，她通过在纸上记录的方式缓解自己的愤怒情绪。

二、进行运动，让愤怒的情绪得到释放

适当的运动可以释放愤怒的情绪，缓解身体和心理上的压力。欣欣放学后回到家里，拿起许久没碰的呼啦圈，转了一刻钟。虽然转完之后她有些气喘，额头上沁出了汗珠，但是她感到身体很放松，之前愤怒的心情也缓解了。

三、学会宽容，站在对方角度想一想

欣欣感到有些累，坐在书桌前的椅子上休息，不由得回想起今天发生的让她感到愤怒的事。冷静下来的她想到，那个撞倒她的男孩当时很匆忙，应该是赶着去做什么事；自己走路东摇西晃的，他可能也不是故意撞上来的。但是他撞倒自己后，非但没有道歉，说话还很不礼貌，就是他的错了。

欣欣通过复盘今天的事件，解开了心结，不再生气了。

有了方向不迷茫

此刻我的心情完全平静了下来。想到当时的情景，我真是气得心口疼。我走在上学的路上，被一个同学撞倒了。他不仅没有向我道歉，反而怪我太胖，身体不灵活。我感到非常生气和委屈，心里想着一定要找到那个人讨回公道。当我跟洋洋说起这件事情的时候，他也很生气，说要替我找那个人算账。通过扁鹊的分析和开导，我冷静下来。随后我又通过运动来释放不良情绪，并且学会了宽容。我想："如果我一直抓着这个事情不放，就会让自己变得更加焦虑和愤怒。用别人的错误来惩罚自己，没必要啊！"

知识有力量

愤怒的情绪对人的身体是有害的。中医理论认为"怒伤肝"，因为肝主疏泄，肝脏的疏通功能正常，可使机体代谢正常，而发怒时会影响肝脏的正常活动。从西医角度来看，生气会导致交感神经兴奋，直接作用于心脏和血管，导致心率加快、血压升高，并可能导致胃肠道出现不适症状，如恶心、呕吐、腹泻等。长期生气还可能导致大脑耗氧量增加，心脏负担加重，进而可能引发心脏病。

8 怎样避免陷入悲伤当中不能自拔

情境小剧场

放学路上，洋洋没精打采地走着，神色悲伤，欣欣在一旁安慰他。

欣欣 洋洋，你都快成忧郁王子了。

洋洋 （叹气）唉，没想到我这次的机器人大赛结果也不如预期。

欣欣 （摆手）你也别太伤心了，尽力了就好。

洋洋 我能不伤心吗？机器人大赛占用了我很多时间和精力，期中考试也没有考好！

欣欣 我能理解你现在的心情，你这是受到了双重打击！

洋洋 这就叫屋漏偏逢连夜雨，船迟又遇打头风啊！

欣欣 看到你这样，我也很难过！（眼眶红了）

洋洋 （强作笑颜）我没事！真对不起，让你也跟着难过了！

当感到悲伤时，你需要学会倾诉，寻求帮助，这样做可以帮助你减轻负担，缓解负面情绪，获得亲友的理解和支持，感受到别人的理解和关爱。你也需要改变认知，积极面对，改变你看待问题的角度、考虑问题的方式，这样可以让你拥有一个更积极的心态，更好地控制情绪。你还需要放下过去，面对未来。悲伤情绪通常与过去发生的事情有关，一个人如果总是回忆过去不好的事，就难以走出阴影。放下过去，正视自己的伤痛，重新找到方向和目标，你一定可以拥有更好的未来。

成长急救站

一、学会倾诉，寻求帮助

洋洋意识到自己需要更多的关爱和理解，于是他决定向身边人倾诉，寻求帮助。他告诉自己的朋友、家人和老师自己的感受，希望得到他们的支持和安慰。在这个过程中，洋洋感到自己被理解和支持，悲伤的情绪得到了缓解。同时，他也发现自己需要更加勇敢和诚实地面对自己的情绪和感受，这样才能更好地解决问题。

二、改变认知，积极面对

经过身边人的开导，洋洋逐渐认识到了自己的问题所在。他意识到自己不应该沉浸在悲伤中，而应该尽快从悲伤中走出来，重新规划自己的生活和未来。尝试改变自己的认知，从积极的角度看待问题，努力让自己保持积极的心态。积极的心态是避免陷入悲伤情绪的关键。

三、放下过去，面对未来

通过反思和调整，洋洋已经能够坦然地面对过去的失败和挫折。他深刻地体会到，过去的经历并不代表未来的命运，只有勇敢地放下过去，才能真正地拥抱未来。他开始思考自己的人生道路，确立新的目标和计划。他意识到放下过去可以让自己更加聚焦于眼前的目标和计划，从而更好地实现自己的梦想。

有了方向不迷茫

最近，我遭遇了双重打击。准备机器人大赛，占用了我大量的时间与精力，导致这次期中考试考得比较差，而机器人大赛的比赛成绩也没有达到我的预期，这让我非常难过。但是，在身边人的开导下，我学会了倾诉，获得了帮助；改变了认知，学会积极地去看待问题；放下了过去的包袱，勇敢地面对未来。通过这次经历，我明白了面对困难和挫折，学会调整情绪和改变认知是非常重要的。只有保持积极乐观的心态，找到适合自己的方法和策略，才能更加坚强和勇敢地面对生活中的挑战，更加健康、有意义地度过每一天。

知识有力量

理性情绪疗法，又称合理情绪疗法，是由美国心理学家阿尔伯特·艾利斯在20世纪50年代创立的。它是认知疗法的一种，因其采用了行为治疗的一些方法，又被称为认知行为疗法。该疗法的核心理念是通过理性思考和情绪管理技巧来改变人们的情绪反应，使其更加健康、积极和有意义。

9 别人太优秀了，自己心生忌妒怎么办

情境小剧场

站在教室门口的走廊上，欣欣一边看着在操场上玩耍的同学，一边和身旁的洋洋聊天。

欣欣 洋洋，我最近心情不好。

洋洋 嗯？你有什么烦心事吗？

欣欣 是啊，班上有一个女同学，不仅长得漂亮，成绩还特别好，我很忌妒她。

洋洋 哦，我知道你说的是谁，她确实很出色。

欣欣 对啊，我看到她总是觉得不爽。

洋洋 其实，你有这种感觉很正常。

欣欣 是吗？难道你也忌妒她？

洋洋 我有那么一点点忌妒吧。我觉得每个人都有自己的闪光点，你的闪光点就很多。

欣欣 谢谢你的鼓励，我会调整自己的心态的。

当面对比自己优秀的人时，我们往往会心生忌妒，这很正常。但是，如果忌妒情绪过于强烈，影响到我们的生活和人际关系，我们就需要采取一些措施来调整自己的心态。忌妒是一种自然的情绪反应，我们要勇敢地面对它，而不是逃避或否认它。这样可以帮助我们更好地处理忌妒情绪，减少负面影响。我们还要找到自己的优点。当找到自己的优点时，我们就会更容易接受和欣赏自己，避免忌妒别人。另外，通过向优秀的人学习来提高自己的能力，这样可以帮助我们用更加开放和包容的心态看待他人的优点，并且让自己成为更好的人。

成长急救站

一、承认自己的忌妒心

欣欣意识到首先要承认自己忌妒别人。虽然忌妒是一种负面情绪，但是比较常见，不要试图掩盖或否认它，因为这只会加剧忌妒的强度。我们不妨这样想：有了忌妒心，说明我们能看到别人的优点，看到自己的不足，有向好的愿望。我们要做的是不要让这种情绪过于强烈，而要认真思考为什么会忌妒别人，并采取积极的处理方式。

二、找到自己的优点

每个人都不完美，都有自己的优点和缺点。与其忌妒别人，不如找到自己的优点。于是欣欣开始寻找自己的优点，并认真记录在笔记本上。当看到别人优秀而心生忌妒时，她就拿出来看看，回忆自己的优点，让自己逐渐变得更加自信与积极。欣欣发现其实每个人都有自己的闪光点，她一度忽视了自己的优点，而陷入对别人的忌妒中。因此，我们应该意识到自己的闪光点，学会用更加积极的眼光去看待自己和别人。

三、向优秀的人学习

与其忌妒优秀的人，不如向他们学习。于是欣欣观察这位女同学的行为、言语和思维方式，从中学习她的优点。欣欣还诚恳地向她请教，有时请她分享成功的心得，有时请她解开自己的疑惑。在向她学习的同时，欣欣也反思自己的行为和言语，看到自己的缺点，从中寻找改进的方向和方法。欣欣领悟到：向优秀的人学习，需要保持开放和包容的心态，从中吸取有益的经验，不断提升自己的能力和素质。

有了方向不迷茫

在我们班里，有一个女同学，她亭亭玉立，成绩也是数一数二。对比自己，我一开始很难受，十分忌妒她。但是经过身边人的开导，我找到了一些对抗忌妒的方法，勇敢地承认自己有忌妒心，然后进行心理调整。我找到自己的优点，还向她学习。现在面对她时，我的心情平静了许多。我坚信，每个人都有自己的闪光点，没必要总是跟别人比，更重要的是跟昨天的自己比，看到自己的成长。当找到自己的优点，看到自己的进步，学会欣赏他人的闪光点后，我们就能健康地成长，成为更好的自己。

知识有力量

东方诗哲泰戈尔说："孤独的花儿，不要忌妒繁密的刺儿。"这里的花儿为什么要忌妒刺儿呢？因为刺儿的"兄弟姐妹"多，而它是"孤家寡人"。可是如果它换一个角度想问题，它就不会忌妒了：虽然我只有孤独的一朵，可我才是引人注目的！不要总拿自己的不足跟别人的长处比，要学会欣赏自己，看到自己的优点！

第三章

比成绩更重要的独立生存课

10 犹豫不决难做选择，怎么办

情境小剧场

洋洋

洋洋低着头，慢吞吞地走着，欣欣快步上前。

欣欣 （关切地）洋洋，你怎么无精打采的呀？

洋洋 （叹气）唉，被妈妈批评了……

欣欣 啊？发生什么事了？

洋洋 妈妈让我在网上挑一件衣服，可我看了好久，就是拿不定主意……

欣欣 是款式太多，不知道选哪件好吗？

洋洋 （苦恼地）每一件都觉得还行，可又怕选得不好，纠结来纠结去，最后还是没选出来……

欣欣 所以……阿姨是嫌你太犹豫了？

洋洋 她说我磨蹭半天，一点儿主见都没有，最后她一生气，干脆不给我买了……

欣欣 唉，你要是能果断一点儿就好了，这样就不会错过喜欢的东西啦！

扁鹊问诊

对于一个优柔寡断的人来说，学会权衡利弊是很重要的。分析不同选择的利与弊，能够让优柔寡断的人更准确地衡量风险和机会，避免做出错误的决策。同时，相信自己的选择也很关键，因为优柔寡断的人往往容易受到外界的影响，感到迷茫和无助。如果能够相信自己的直觉和判断力，优柔寡断的人就能够坚持自己的决定。最后，果断地进行选择也很重要，因为犹豫不决往往容易错失良机。如果能够果断行动，优柔寡断的人就能够更快地迈向成功的道路，实现自己的梦想。

成长急救站

一、权衡利弊，不要顾此失彼

洋洋认识到在做出决定之前，花时间权衡每个决定的利弊，这可以帮助自己更好地了解每个决定的后果和影响。当面对一个问题时，自己可以列出一个清单，把问题的各个方面都写下来，然后评估每个方面的优劣和影响，以便权衡利弊。在评估时，不过度关注某一个方面，而忽视了其他方面。例如，如果买一件衣服，可以考虑价钱、颜色、款式、质量等因素。不要只关注价格，忽略其他方面。在权衡利弊后，自己就可以更加理性地做出选择。

二、相信自己，不要过度担忧

要相信自己有能力做出正确的选择。有时候，过度担忧可能会阻碍自己做出正确的选择，所以要尽量放松。当面对一个问题时，需要相信自己并采取有效的应对方式：首先，可以深呼吸或运用其他放松技巧，以缓解内心的紧张与焦虑；其次，可以寻求他人的建议或帮助，倾听专业人士的意见；最后，也可以依据自身的经验来做出正确的选择。

三、宁要果断，不要优柔寡断

当做选择时，要果断而不要优柔寡断。不要因为担忧和犹豫而放弃尝试，也不要过于在乎结果。相反，我们要认真考虑风险和机会，权衡利弊后果断行动，不断促进自己成长。在行动的过程中，我们也要保持清醒和冷静，及时纠正自己的偏差和错误，不断修正和调整自己的计划和目标。

有了方向不迷茫

当决定写这篇日记时，我拿起笔就写，没有犹豫，相比以前利索多了。我曾经遇事优柔寡断，难以独自做选择。在周围人的热心帮助下，我进行了心理调整。结果，我发现自己变得果断和有决心了。遇到问题时，我会先权衡利弊，再考虑自己的选择。我相信自己的选择是正确的。即使这个选择可能会让我感到不安和害怕，我也不再优柔寡断。经过一段时间的努力，我发现自己的生活变得更加美好和愉快了。我可以更好地应对生活与学习中的各种挑战，并更加自信地面对未来。加油！

知识有力量

果断和武断都是做出决策的方式，但二者的区别在于决策的基础和方法。果断是在充分权衡利弊并对可能的风险有所预判之后，有计划地快速决策，迅速采取行动。武断是在没有充分考虑、没有全面分析的情况下，轻率地做出决策，往往是基于主观意识和个人喜好，没有经过客观的调查和分析，并不考虑可能会有的风险和挑战。

11 拿起手机就放不下，怎么办

情境小剧场

欣欣背着书包低头走进校门，洋洋追上来。

洋洋 （打量欣欣）你的眼睛怎么红红的？

欣欣 我昨晚熬夜了！

洋洋 学习这么刻苦啊！

欣欣 哪有啊！我挨骂了。只不过骂人的换成了爸爸。

洋洋 （惊讶地）啊！你不是“贴心小棉袄”吗？他怎么会骂你呢？

欣欣 都怪我失去了自控力。

洋洋 你对什么失控了？

欣欣 昨天我借用爸爸的手机看老师布置的作业，结果不由自主玩起了手机游戏，耽搁了做作业。

洋洋 同病相怜！有时我也会有这个毛病。

欣欣 结果很晚我才把作业做完。

我知道你是一个好孩子，有时候，玩手机游戏失控也不要过于自责，为了避免这种情况的发生，你可以这样做：首先，明确目标，这样可以帮助你更好地规划自己的时间、约束自己的行为——如果没有一个明确的目标，你可能会不知道自己该做什么，从而导致注意力不集中；其次，设定时间限制，这可以帮助你更好地控制自己使用手机的时间和频率；最后，找到替代活动，当然，这个活动应该是有趣、有意义的，这样可以让你过得既快乐又充实，从而减少对手机游戏的依赖。这些方法，应该可以帮你更好地控制自己，减少使用手机对学习的影响。

成长急救站

一、明确目标

为了集中注意力，欣欣设置了一个明确的目标来督促自己。确定每天应该完成的学习任务，制订时间表，按照时间表执行。留出足够的休息时间，同时在休息时间内远离手机。

二、设定时间限制

为了避免长时间使用手机，欣欣决定将每次使用手机的时间限制在 30 分钟以内，每天使用手机的总时长限制在 1 小时以内。为了帮助自己更好地控制使用手机的时间，只要自己能坚持完成既定的目标，就可以给自己一个小奖励。欣欣喜欢打羽毛球，于是，当完成目标时，她就会约上好友打一场羽毛球。

三、找到替代活动

为了让自己远离手机游戏，欣欣决定找到一些替代的活动来填补闲暇时间。她尝试了一些自己感兴趣的活动，如绘画、音乐、跑步等。这些活动可以使她逐渐减少对手机游戏的兴趣，同时锻炼身体和大脑。她感到时间过得更有意义了。

有了方向不迷茫

没有人否认我是一个在学习上很认真的孩子，但是有时候面对手机游戏我也会失控，玩着玩着就忘记了做作业，为此我很苦恼。在扁鹊的建议下，我从明确目标、设定时间限制、找到替代活动三个方面进行了尝试。因此，我开始制订每天的学习计划，并且严格按照计划执行。还有，设定时间限制也是非常关键的，如果没有一个合理的时间限制，我就很容易陷入无限循环中，无法自拔。找到替代活动更重要，如果没有其他兴趣爱好和活动来替代手机游戏，我就会情不自禁地玩手机游戏。经过一段时间的纠正，现在，我已经能够更加专注地学习，并且享受学习带来的乐趣。

知识有力量

玩手机游戏为什么会上瘾呢？这可能涉及多种心理因素：第一，有些人在现实生活中心理需求无法得到满足，于是手机游戏成了一个替代品；第二，工作和学习压力大，通过玩手机游戏暂时缓解压力；第三，长时间玩手机游戏可能导致我们与现实生活产生脱离感，渴望获得更多的刺激，于是更加沉迷其中；第四，有些人可能存在病理心理，如注意缺陷与多动障碍、焦虑症等，这些心理问题可能导致他们通过过度使用手机来缓解压力。

12 怎样做到既合群又能独处

情境小剧场

放学路上，洋洋与欣欣背着书包并排走着，欣欣有说有笑，而洋洋沉默不语，好像有心事。

欣欣 你一路上都不怎么说话，在想什么呢？

洋洋 我想成为一个既合群又能独处的人。

欣欣 哈哈，谁都想成为这样的人。

洋洋 我发现要成为这样的人，好难！

欣欣 那当然。一个人既外向又内向，不太可能的！

洋洋 但是我还是想成为这样的人。

欣欣 其实，你已经做得不错了。

洋洋 我感觉不够，有时还会顾此失彼。

欣欣 嗯，希望你早日实现愿望。

扁鹊问诊

你希望成为一个既合群又能独处的人，这个想法很好。要成为这样的人，首先，坚持做自己是重要的一步。一个人只有在保持自我认同的基础上，才能更好地与他人相处。如果一个人是一株墙头草，随风摇摆，没有原则，就很难得到他人的信任和尊重。其次，理解和尊重他人很重要。如果一个人不能理解、尊重他人的感受与需求，那么就很难建立良好的人际关系，也就无法与他人沟通、合作了。最后，培养个人爱好可以帮助我们更好地平衡个人生活和人际交往。一个人有自己的兴趣爱好，他在独处时就不会感到无聊。而且通过兴趣爱好，我们可以结交志同道合的朋友。

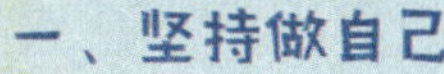

成长急救站

一、坚持做自己

洋洋认识到要做一个既合群又能独处的人，就要坚持做自己，不盲目追求他人的认同或者照搬他人的行为模式。具体来说，可以表达自己的观点，当对某件事有自己的看法时，我们要勇于表达，并理性地与他人讨论。同时也承认自己的不足，这样有利于提升自己，并向其他人展示自己的真实面貌。

二、理解和尊重他人

理解和尊重他人，不仅有助于和别人融洽相处，还能让自己变得宽容、富有同情心。这要求我们学会倾听和尊重他人的意见和决定，不要随意批评或干预他人的行为；要帮助他人解决困难，与人为善，多关注他人的需求，给予他人帮助或支持；要尊重他人不同的文化、信仰和生活方式，求同存异，从中学习借鉴。

三、培养个人爱好

洋洋还意识到培养个人爱好的重要性。这不仅让自己在独处时过得充实，还有助于结交志趣相投的朋友。我们可以选择一项特别喜欢的兴趣爱好并坚持下去。对于小学生来说，可以选择跳舞、绘画、阅读、写作等；可以参加兴趣小组，在学校加入某个社团或者小组，结识更多志趣相投的朋友，和他们交流想法和体验，扩展自己的社交圈，这样也可以让我们更有归属感和满足感。

有了方向不迷茫

我想成为一个既合群又能独处的人，这是我一直以来的愿望。但是，我一直做得不够好，常常顾此失彼。有时候我与同学打成一片，什么都和同学讨论，结果弄得自己不想独立思考；有时候为了钻研一个问题，我不想与同学交流，结果钻进了牛角尖。前段时间，为了实现这个愿望，我听从身边人的建议，首先坚持做自己，展示自己的风采；其次理解和尊重他人，这样会让人乐于跟我交往；最后培养个人爱好，这样可以与相同爱好的人聚到一起，大家一起交流，共同进步。现在的我更加自信和独立，也更加受欢迎了。

“聚是一团火，散是满天星”的意思是：聚在一起就是一团熊熊燃烧的火焰，散开来就是天上一颗颗闪亮的星星。它意味着在遇到困难时，我们应该紧密团结，齐心协力，像一团火一样燃烧起来，拥有强大的力量；而当我们分开时，应该像满天的星星一样散开，每个人都拥有自己的价值和特点，发挥自己的优势，为团队和社会作出贡献。

13 怎样养成自主学习的习惯

情境小剧场

欣欣

课间休息时，欣欣坐在位子上，双手撑着脑袋抓头发，一副苦恼的样子。

洋洋 （开玩笑）欣欣，你老抓头发，是想把自己从地球上拉起来吗？

欣欣 你还有心情拿我开玩笑？我愁着呢！

洋洋 你怎么了？

欣欣 上一节课是自习课，我发现自己什么都没学到！

洋洋 怎么会这样？！

欣欣 我习惯于在校听老师讲，在家接受爸爸妈妈辅导，不知道怎么自主学习！

洋洋 我也有这个问题，自主学习时不知该干什么，弄得一团糟！

欣欣 唉，同病相怜，那该怎样养成自主学习的习惯呢？

养成自主学习的习惯，是指能够自主选择学习内容、制订学习计划、理解和掌握学习内容、自我评估并不断完善自己的学习方式和方法。要养成自主学习的习惯，一个人需要进行自我管理，提高自我效能感；拓宽知识面，提高自主学习的能力；注重学习方法，养成自主学习的思维方式等。只有不断努力、不断完善自己，才能养成自主学习的习惯，成为一名真正的自主学习者。

成长急救站

一、进行自我管理，提高自我效能感

欣欣意识到自我管理是养成自主学习习惯的第一步。要想自主学习，首先要学会制订学习计划，确保时间和任务都得到合理的安排。在学习过程中，需要自控力，避免受到干扰和诱惑。当学习遇到困难时，通过自我激励，调用内在动力继续学习。当然，这需要通过不断的实践和反思来完善并提高自己的自我管理水平。

二、拓宽知识面，提高自主学习的能力

提高自主学习的能力需要从拓宽自己的知识面入手。在学习的过程中，要善于利用各种资源拓展自己的知识面，要勇于探索新的知识领域，不断鼓励自己，提高自己的学习能力。同时，在学习过程中还需要注重发现问题、探究问题，善于梳理知识点，建立自己的知识体系。

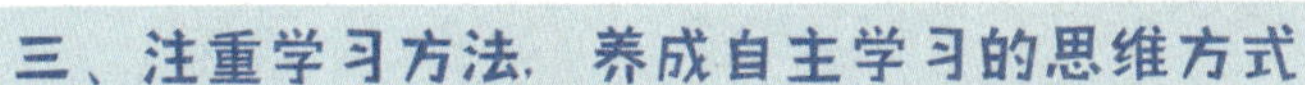

三、注重学习方法，养成自主学习的思维方式

良好学习方法的养成，需要不断积累和总结学习经验，同时还要学会分析自己的学习过程和方法，思考哪些学习方法更有效、哪些方法需要改进。借助良好的学习方法，可以让自己的学习更高效、更有针对性。培养自主学习的思维方式不仅需要掌握学习方法，更需要对所学知识进行思考和理解。思维方式有多种，在培养逻辑思维方面，需要注重梳理知识体系，了解知识点之间的逻辑关系，深入地理解和运用知识；在培养创造性思维方面，需要发散思维，寻找知识点之间的关系，等等。

有了方向不迷茫

经过一段时间的坚持，我发现自己的学习自主性变强了。我能够主动去学习、探索知识，而不是依赖别人的帮助，这让我感到自豪！我发现如果想养成自主学习的好习惯，需要进行自我管理，养成良好的学习习惯。比如，认真听课，记笔记，预习、复习课本内容等。这样做能够帮助我更好地理解和记忆知识点，也可以减少对老师和家长的依赖，更好地自主学习。我还要不断拓宽自己的知识面，并且要探究知识背后的逻辑，发现不同知识之间的联系，并从中学习新知识。最终，我发现：坚持这些好习惯，我的学习成绩提高了很多，我也变得更自信和独立了。我好开心！

知识有力量

自我效能感，是美国心理学家班杜拉在20世纪70年代提出的一个概念。它指的是个体对自己是否有能力完成某件事进行推测与判断。班杜拉对它的定义是：“人们对自身能否利用所拥有的技能去完成某项工作行为的自信程度。”班杜拉认为，由于不同活动领域之间的差异性，所需要的能力、技能也千差万别，一个人在不同的领域中，其自我效能感也是不同的。

第四章

失败不可怕，越战越强大

14 畏难想打退堂鼓，怎么办

情境小剧场

洋洋

操场上，洋洋闷闷不乐，欣欣见状上前询问。

欣欣 （关切地）洋洋，你最近总是心不在焉的，有什么烦心事吗？

洋洋 （沮丧地）我想辞去机器人兴趣小组组长的职务！

欣欣 （惊讶地）为什么呀？

洋洋 太难了，压力好大，我觉得自己不能胜任组长的工作。

欣欣 我猜跟上次的比赛失利有关吧。

洋洋 有一定关系，我怕下次还会惨败！

欣欣 你不要这样想，比胜利更重要的是学习和成长。

洋洋 你说得对，我应该再勇敢一点儿。那你有什么建议吗？

欣欣 这个我也说不好，我们一起去请教那位高人吧。

孟子说“天将降大任于是人也，必先苦其心志”，你怎么能因为遇到一点儿困难就打退堂鼓呢？我们遇到困难不该逃避，应该积极地想办法解决。你可以先认真思考问题，分析可能的解决方案，找出可行的方法；将大任务分解成若干小任务，逐步完成，增加成功的可能性。遇到问题时，不要轻易发脾气或采取过激行动，应保持冷静和理智；想一想完成任务后的奖励和成就感，这可以成为你继续前进的动力。另外，可以经常鼓励自己，对自己说“我能行”或者“我一定能完成它”，你会发现这样做很有用。做任何事都不要轻易放弃，坚持不懈地努力，你才有可能获得成功。

成长急救站

一、审视问题，分解任务

洋洋明白重新审视问题是非常重要的。可能受上次比赛失利的影响，这次决定参赛后，他就感到压力格外大，产生了畏难情绪。在这种情况下，他必须冷静地分析问题，找出可行的解决方案，并逐步实施。具体来说，他需要认真思考问题，分析失利的原因，比如：是设计上的问题还是机器人的性能问题？同时，他需要与其他小组成员进行交流，了解大家的想法和意见，集思广益，共同解决问题。

二、调整心态，找到动力

洋洋知道调整心态也很重要。在面对困难时，他需要保持积极的心态，相信自己能够克服困难。具体来说，他要积极地面对问题，不过分担心和焦虑，保持乐观的态度，相信自己能够解决问题；同时，他也需要寻找动力，想一想完成任务后的奖励和成就感，这可以成为激励他和同伴们继续前进的动力。

三、鼓励自己，坚持不懈

洋洋意识到鼓励自己坚持不懈也是非常重要的。在面对困难时，他不能轻言放弃。具体来说，他需要给自己一些鼓励，比如告诉自己“我肯定行”“我一定能成功”。同时，他和同伴们也要有耐心和毅力，不断调整，直到成功为止。比如，在制作机器人的过程中，他们可以不断地尝试不同的设计方案和程序，不断地调整和改进，直到达到要求为止。

有了方向不迷茫

今天，我们参加了机器人比赛，虽然没有进入前三名，但是对比上次的比赛成绩，已经有了很大的进步。想到当初身为学校机器人兴趣小组组长的我，受上次比赛失利的影响，产生了畏难情绪，觉得自己无法胜任组长的工作，于是想辞去职务，只做一个普通的组员。在大家的鼓励下，我调整心态，继续作为组长带领大家一起攻坚克难，不断改进机器人的性能。参赛时，我的心中十分忐忑，担心又会惨败。令人欣慰的是，"悲剧"没有重演！我们的努力没有白费！

知识有力量

孟子说"天将降大任于是人也，必先苦其心志"，这句话的意思是说如果上天要把重大的使命赋予某个人，那么这个人在接受使命之前，必然要经历诸多艰难险阻，历经心理上的磨难和痛苦。这句话强调了一个道理，就是要想完成一件重大的事情，需要有坚定的心志、极强的毅力和不畏艰难险阻的精神。

15 不敢尝试新事物，怎么办

情境小剧场

洋洋在前面匆匆走着，欣欣快步追了上去。

欣欣 洋洋，你慢点儿走，我有事跟你说！

洋洋 （笑着）什么事？

欣欣 爸爸妈妈鼓励我学习轮滑，他们说如果我同意，就给我报个学轮滑的兴趣班。

洋洋 （抢过话头）轮滑！我喜欢！那你赶紧报啊！

欣欣 （面带顾虑）可是我担心自己穿上轮滑鞋站都站不起来。

洋洋 你多虑了，只要坚持练习，肯定没问题。

欣欣 我感觉滑轮滑不太好玩儿，还总是摔倒。

洋洋 你不尝试一下怎么知道自己喜不喜欢呢？

欣欣 谢谢你，洋洋。我考虑一下……

洋洋 （先摆手）别客气！我会一直支持你。加油！（手握成拳头）

尝试新事物，是我们成长过程中经常会遇到的。未知也意味着新的挑战和机会。通过尝试新事物，你会拓宽视野，认识新朋友，你的生活也因为不断有新事物的涌进而变得丰富多彩。

一个勇于不断探索未知的孩子，需要有充足的好奇心和自信心。如果不试一试，新事物永远都是新事物。面对新事物，我们可以这样做：对新事物保持一份探索、体验的好奇心，生活就是一种体验，不要惧怕“不熟悉”；培养“我也可以做到”的自信心，不要惧怕出错；和好朋友一起接触新事物，体会其中的乐趣。

成长急救站

一、勇敢尝试新事物

通过扁鹊的指教，欣欣意识到自己是因为不熟悉轮滑，所以不敢尝试。其实，当看到别的小朋友在小区里滑轮滑时，自己也觉得他们很“酷”。欣欣想：我也可以试一试，体验一下滑轮滑的感觉，说不定我会因此喜欢上这项运动。

二、培养自信心

欣欣知道自己之所以不敢尝试学习轮滑，还因为害怕在学习过程中可能会经历一次次的摔跤。一想到可能会摔得很疼，她的心里就直打退堂鼓。欣欣想到自己在参加演讲比赛时也遇到过很多问题，自己通过一遍遍地改稿、背诵，才顺利完成了演讲。怎么这次自己就畏缩了？欣欣想挑战一下，她想：只要给我点儿时间，我肯定能学好轮滑。

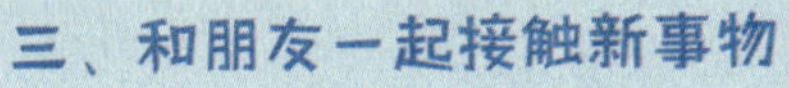

三、和朋友一起接触新事物

欣欣记得洋洋说他也喜欢轮滑，如果能和洋洋一起报名，两个人一起面对学轮滑的困难，也一起体验滑轮滑的乐趣，还能交流滑轮滑的技巧和经验，那该多好呀！欣欣决定打电话邀请洋洋和她一起报名。

有了方向不迷茫

经过几天的心理调整，我决定去学习轮滑。之前，我一直担心万一自己学不会轮滑怎么办，练习时会不会总是摔倒。后来，经过扁鹊的指导，我明白了生活是一种体验，不断尝试新事物，生活才会丰富多彩。没有了心理负担，我发现自己很想快点儿开始学习轮滑。对了，我昨天邀请洋洋和我一起学轮滑，他说他很想和我一起学，但是要问一下爸爸妈妈的意见。真希望洋洋能和我一起学，不过，就算他不能去，我也要自己去学。我相信，给我点儿时间，我一定能学好！

知识有力量

轮滑，体育运动项目之一，运动员穿着底下装有小轮的专用鞋在坚实的地面上滑行。轮滑比赛分为花样轮滑和速度轮滑。现在，轮滑也成为颇受青少年欢迎的健身项目。它对人的身体协调能力、耐力等有较高的要求，能锻炼我们的反应能力，强健体魄。

16 怎样克服输不起的心理

情境小剧场

洋洋

在教室里，欣欣在看书时，洋洋心事重重地走到她身边。

洋洋 我担心这次机器人比赛又会输。

欣欣 洋洋，不要瞎担心，你们上次在省内比赛中进步很大啊。

洋洋 可是这次比赛的难度更大，我怕我们会被淘汰。

欣欣 （握拳）你要相信你们的实力，尽力去做，而且比赛不仅仅是为了获胜，还能够学到很多东西，为以后的成功打下基础。

洋洋 嗯，你说得真好。你能给我一些具体的建议吗？

欣欣 那我就说不好了，也怕把你带偏了。（笑了）

洋洋 呵呵，我去向那位高人请教……

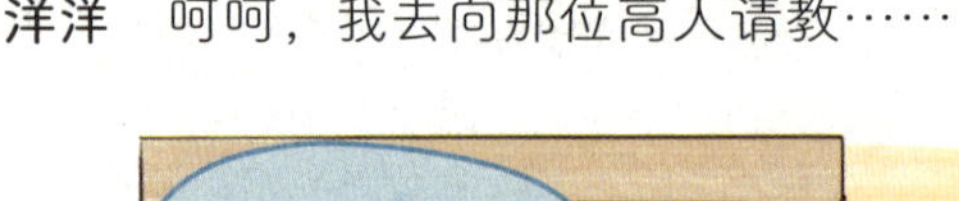

输不起的心理源于过于强烈的期望和不现实的目标。你要认识到失败是人生的常态，学会接受失败并学会从中吸取经验教训。成功者并不完美，而是能够接受自己不完美的人。当你接受失败可能是成功的一部分时，你将不再有输不起的心理，因为你知道失败没什么大不了，自己还有许多优点，也取得了不少成功。制定明确的目标并朝着目标努力，实现这些目标会让自己获得成就感，进而更好地面对挫折和失败。当你克服了输不起的心理，朝着目标前进时，你会发现自己已勇于面对失败，并从中获得了成长。

成长急救站

一、认识到失败是常态

经过扁鹊的启发，洋洋认识到：失败是人生的常态。人类的成长与进步都是建立在失败的基础上的。人类发明创造的历史中更是充满了试错、失败。很少有人在第一次尝试新事物时就获得成功。人类生命的旅程充满了危险和不确定性。生活中也常常会发生意外，导致事情失败，让人感到沮丧。但是，我们可以从这些事中吸取教训，获得经验，这有利于我们以后更好地应对类似的情况。

二、接受自己的不完美

接受自己的不完美，能大大降低我们的挫败感，会让我们不再因为自己的缺点而感到焦虑。一旦我们接受自己的不完美，就能更好地理解自己，更容易提高自信。

在机器人比赛中，洋洋应该认识到自己的不足之处，包括技术水平、知识储备、心理素质等，不过分自责和懊悔，接受自己的不完美，并从中吸取经验教训，争取在未来取得更好的成绩。

三、设定切合实际的目标

洋洋认识到参加机器人比赛，应该设定切合实际的目标。目标太高会让自己感到焦虑，目标太低则难以激发自己的主观能动性。根据团队的能力和实际情况，洋洋决定设定一个合理的目标。这个目标应该具有挑战性，但不能过高，否则会让自己压力太大。

有了方向不迷茫

参加全省的机器人比赛，第一次比赛惨败，对我的打击很大；第二次比赛进步很大，我得到了很大的安慰；现在我又准备参加全国机器人比赛了，可我还是很怕输，有一种输不起的心理。为了克服这种心理，我获得了身边人热情而无私的帮助，真的感谢你们！我现在了解到：输不起的心理很多人都有，它会制约我们的成长。失败是成功之母。我们应该认识到失败是人生的常态，要接受自己的不完美并设定切合实际的目标。只有这样，我们才能正确对待失败和挫折，从中吸取经验教训，并为将来的成功打下基础。

知识有力量

“我没有失败过一次，我只是找到了一千种行不通的方法。”这句话是发明大王爱迪生说的。它传达了一条非常重要的信息，即尝试并失败是成功的一个必要条件。很多人在尝试新事物时会失败，这时他们可能会放弃或者失去信心。但是，如果我们能够多次尝试，并且不断地寻找新的方法，就有可能成功。这也是爱迪生所提倡的“发明家精神”，即不断探索、尝试新事物，直到找到最好的解决方案。

17 演讲失败很受打击，怎么办

情境小剧场

欣欣

江边，欣欣看着江水发呆，洋洋跑过来拉住她。

洋洋　欣欣，你今天的演讲不顺利吗？

欣欣　（沮丧地）是的，我今天在演讲比赛中表现得很差，我失败了。

洋洋　（紧张地）可你也不能跑到江边来呀！

欣欣　（笑了）你想多了，我只是到这里散散心……

洋洋　噢，那就好。只要你继续努力，下次一定能成功。

欣欣　（低头）可是，我花了那么多时间和精力准备演讲，却没有得到想要的结果。

洋洋　噢，你可以这样想——这次失败帮助你更好地了解了自己的不足，这也是收获。

欣欣　（抬起头）你说得对。我先放松一下，再考虑下一步……

参加演讲比赛失利了，的确是一件很遗憾的事，我很理解你的感受。但是，我们需要学会调整自己的心态，以便更好地面对这种挫败感。首先，你要接受失败的现实，不要试图掩盖或逃避；其次，不要过分自责和焦虑，要学会从失败中吸取经验教训，相信自己下次能够做得更好；最后，找出失败的原因，并反思自己在演讲中犯了哪些错误。找出原因可以帮助你更好地了解自己的弱点，并为以后的演讲做好准备。当发现问题并加以改进后，你需要加强练习，切实提高演讲水平。

成长急救站

一、接受现实，调整心态

欣欣认识到在生活中失败是无法避免的。它是人生的一部分，每个人都必须经历，重要的是如何接受和处理它。一次失败并不能说明什么，相反，这是一次学习和成长的机会。如果想在演讲比赛中取得成功，自己需要保持积极乐观的态度，不被消极情绪左右。

二、审视失利，分析原因

欣欣还想到：通过审视在演讲比赛中的失利，找到问题的根源和症结所在，采取行动来查缺补漏。这样，自己就可以在下次比赛中避免犯同样的错误，表现得更加出色，从而获得更高的评分。可以回想一下，在演讲过程中，自己是否没有做足够的准备、没有理解主题、过度紧张或缺乏自信等。找出原因可以更好地了解自己的弱点，并为以后的演讲做准备。

三、努力改进，加强练习

欣欣想：自己还需要向听众、老师等有经验的人寻求帮助，询问他们对自己的演讲的看法，并寻求他们的建议，以便更好地改进演讲技巧。为了提高演讲水平，自己需要加强训练，持之以恒，并不断给自己定目标。比如阅读更多的书籍，在口语表达、语音语调、眼神交流等方面多加练习，从而提高自己的演讲能力；另外，也可以试着向那些演讲成功的人学习，以便在演讲比赛中表现得更出色。

有了方向不迷茫

这次参加市级小学生演讲比赛，我发挥失常，演讲失败，很受打击。但在大家的安慰与帮助下，我接受了事实，也调整了自己的心态，找回自信和动力继续努力。我停止了自我责备和自我怀疑，并从失败中吸取经验教训，以便在下一次比赛中做得更好。我认为，这是一个学习和成长的宝贵机会，跌倒并没有什么可耻的，只要能够重新站起来，就能成为更好的自己。这次失败使我与父母、老师和同学有了更深入的交流，得到了许多好建议，从中学到了更多的东西。我会将这些意见和建议铭记于心，以良好的心态继续努力，提升自己。

知识有力量

我们常说“失败是成功之母”。虽然听起来像心灵鸡汤，但是它所揭示的道理，永远闪烁智慧之光。没有谁的人生是一帆风顺、永无失败的；相反，成功之所以可贵与难得，是因为成功往往是人们在一次次失败中吸取教训，继续努力赢得的。

18 学习老是没有进步，怎么办

情境小剧场

洋洋

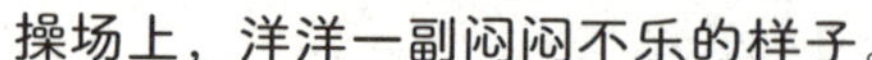

操场上，洋洋一副闷闷不乐的样子。

欣欣 （关切地）洋洋，你这是怎么了？

洋洋 （痛苦地）我想提高自己的数学成绩，但是一直没有什么起色。我都快绝望了。

欣欣 （惊讶地）啊？你的数学成绩在班上已经很好了！

洋洋 我想考清华大学，所以我必须把数学学得更好。

欣欣 哦，这样啊。你是不是在数学上下的功夫不够呢？

洋洋 我觉得自己已经很努力了。

欣欣 那你的学习方法有问题吗？

洋洋 嗯，也许吧。

欣欣 我相信你一定可以取得更好的数学成绩！加油！（握拳）

洋洋 可是我具体该怎么做呢？

学习数学并不是一件容易的事情，需要花费大量的时间和精力。但是，我们只要找出问题所在，并且改变学习方法，就一定能够取得进步。你可以制订一个数学学习计划，比如每天安排练习一定量的数学题，复习学过的知识点。另外，你还要对学过的内容进行及时的反思和总结。在学习过程中，我们需要不断地积累知识和技能，而及时反思、总结可以帮助我们回顾自己的学习过程，发现自己在哪些方面存在不足，从而有针对性地进行弥补和提高。如果不及时反思和总结，这些问题可能会一直困扰我们，影响学习效果。

成长急救站

一、找出问题所在

洋洋开始认真分析自己在数学学习中遇到的问题，他从以下几个方面进行排查：

是否对数学知识点理解得不够深入？是否缺乏数学思维能力？是否缺乏练习量？是否存在学习方法不对的问题？找出问题所在，是解决问题的前提。

二、改变学习方法

除找出问题所在外，洋洋尝试改变自己的学习方法：

首先，制订学习计划，并按照计划执行，合理分配时间和精力。其次，多做练习题。数学是需要大量练习的学科，选择一些有代表性的习题来做，不断总结做题方法和经验。最后，尝试使用多种学习方法。例如，看视频讲解、和同学讨论等，利用多种形式进行学习。

三、及时反思、总结

在以后的学习中，洋洋还打算及时进行反思和总结：及时记录错题的类型和原因，以免今后犯同样的错误；及时总结学习数学的心得体会，不断调整学习方法；坚持每周进行一次小结，对自己的学习情况进行总结，并针对不足做出相应的调整。

有了方向不迷茫

今天，我终于制订了提高数学成绩的计划。我决定按照计划来做，力争达到目标。虽然我的数学成绩在班上名列前茅，可是我从来没有考过前两名，最好的一次是第三名，因为我长大后想上清华大学，所以希望提高自己的数学成绩。可我努力了一段时间，发现没有什么起色，还是原地踏步，为此很苦恼。在老师、同学、父母的出谋划策下，提高数学成绩的计划才得以新鲜出炉，我很珍惜也很看重它。我打心眼儿里感谢他们，也暗暗为自己加油！

人应该有反思精神，反思可以帮助我们发现自身的不足和错误，可以帮助我们更好地认识自己的价值，可以帮助我们更顺利地实现自己的目标和愿望。反思精神是我们不断进步的重要推动力量，可以帮助我们不断完善自己，提高自身素质和能力，更好地适应社会发展、实现自我价值。

19 拒绝“躺平”，跳出求知舒适圈

情境小剧场

欣欣背着书包走出校门，等在外面的洋洋迎了上去。

洋洋 欣欣，赵老师又给你开什么小灶呢？

欣欣 还开小灶呢，我被批评了。

洋洋 （盯着欣欣）不会吧。我看你好像不难过啊！

欣欣 （假装哭）呜呜呜……我这样哭，你是不是才会相信？

洋洋 呵呵……（从笑转为严肃）对了，她为什么批评你？

欣欣 她说我只爱读《青鸟》《鲁西西传》这类书，阅读范围太窄了。让我跳出求知舒适区！

洋洋 （挠头）这话好有深度，什么意思呀？

欣欣 赵老师鼓励我读一些有一定难度或接触不多的经典好书。

洋洋 为什么要这样做呢？这不是自己找罪受吗？

你喜欢读书，这是值得鼓励的。然而，你不能陷入求知舒适区，只阅读同一类型的书籍，而是需要从更广阔的领域中汲取知识。因此，你要跳出求知舒适区，阅读一些你平时接触不多的经典好书。这样做不仅能开阔你的眼界，打开思路，还有助于激发你的创造力，发掘出你未知的潜力，这对你的成长十分重要。同时，这样的阅读也能提高你的适应能力和抗风险能力，让你能够更有效地应对挑战和变化。作为祖国未来的建设者，我们不能停止学习，需要时刻更新我们的知识，探索我们未知的领域。

成长急救站

一、开阔眼界，打开思路

通过赵老师的点拨与扁鹊的指导，欣欣对为什么要跳出求知舒适区，形成了这样一些认识：

尝试接触更广阔的知识领域、了解更多不同的观点和思路，自己的眼界会变得更加开阔，思维也会更加活跃。自己会意识到原来还有这样的思考方式，从而打开思路，更加全面地考虑问题。

二、激发创造力，挖掘潜力

阅读一些有难度或者接触不多的经典好书时，我们会面对更多的挑战。这种挑战会刺激我们的大脑，激发我们的创造力，让我们产生更多的灵感和想法，从而挖掘出更深层次的潜力。如果在阅读上缺乏多元性，那么我们无法接触各种新的思想和知识，这会使我们的想象力在某种程度上受到限制。

三、提高适应能力和抗风险能力

未来不可预知，我们必须为未来做好充分的准备。我们能够从各种书籍中汲取有用的信息，学习对待同一问题的不同方法，以及应对问题的不同策略，这可以帮助我们更有效地应对挑战和变化，让我们在面临新的人、事、物时更自信，在面对各种风险和未知情况时更有勇气、更从容。

有了方向不迷茫

我平时特别喜欢看《青鸟》《鲁西西传》《草房子》这类书，有的书甚至看了好几遍，而对科普类书籍看不进去。赵老师注意到我的这个问题后，说我的阅读范围偏窄，这样可不行，鼓励我跳出求知舒适区，阅读一些对我来说有一定难度或者接触不多的经典好书。一开始我不是很理解赵老师为什么要我这样做，甚至有抵触情绪，慢慢地我意识到沉溺于求知舒适区的弊端是多方面的，会让我不思进取、失去热情、错过机会、自我满足、故步自封，等等。只有跳出求知舒适区，我才能更好地探索世界、挑战自我、成长发展。

科学家曾做过这样的实验，把一只青蛙直接扔进热水里，它会立刻弹跳而出。而把青蛙放进冷水里，用小火慢慢烧水，青蛙很享受这个舒适的环境，没有感觉到危险，等到它感到疼痛时，已经来不及逃脱了。这个实验告诉我们，我们需要时刻保持警惕，不要沉溺于舒适区中，否则当危险来临时，我们可能已经无法应对了。

第五章

为什么朋友比分数更重要

20 拒绝盲目从众，要勇敢做自己

情境小剧场

操场一角，洋洋与欣欣站在一起兴致勃勃地说着话。

欣欣 学校要开六一儿童节联欢会，我们一起表演一段相声怎么样？

洋洋 （点头）可以呀，但是说什么呢？

欣欣 《大人真奇怪》，灵感来自《小王子》。

洋洋 （拍手）好！有趣！大人的确有许多奇怪的言行，值得我们好好说说。你的作文写得比我好，稿子你来写吧。

欣欣 稿子要我写呀？那我有一个条件，让我当逗哏。

洋洋 （愣一下，自我安慰）三分逗七分捧，我甘当绿叶！

每个人的阅历不一样，对同一问题往往会有不同看法。对于别人的看法有不同意见，可以表达出来，与对方一起探讨，思想在碰撞中互相完善，能使我们认识问题更全面，也更深入。然而，向人提出不同意见，不宜直接否定对方，应当先肯定，才能使人容易接受；还要用商量的语气，不能给人理直气壮的感觉；另外，对于别人的观点中存在的问题，指出来时要切中要害、言之有理。

成长急救站

一、先肯定对方，不直接否定

洋洋拿着作业本走到欣欣面前，说：“你写的相声段子，我认真地看了几遍。”

“怎么样？”欣欣充满期待地看着洋洋。

洋洋说：“从小王子的口头禅‘大人真奇怪’开头，引出相声的主要内容，这一点非常好。”

“谢谢夸奖！”欣欣兴奋地说。

“一些例子也用得恰如其分，特别是一些比喻的运用很精彩！”洋洋语气肯定地说。

“老是夸，就没有缺点了吗？”欣欣笑着问。

二、为难的态度、商量的语气

洋洋显出为难的样子，嘴唇动了动，却又说不出话来。

欣欣注意到了这一点，忙问："有什么话就直说吧，我们之间不用藏着掖着的！"

"谢谢你能这么坦诚，那么我就打开天窗说亮话，若有说得不当的地方，还请谅解！"洋洋说着，打开作业本，指着其中一处说，"这个地方我需要跟你商量一下。"

欣欣认真看着洋洋手指的位置，说："你说吧，有什么问题？"

三、切中要害，指出问题所在

洋洋说："这里对父母奇怪之处的描述，写得很好，但是都让逗哏说了，显得单一，不如让捧哏与逗哏轮换着说，再加上角色扮演。"

"加上表演好，更有吸引力。"欣欣说，"我们试一下。"

"好，那爸爸就开始训女儿了！"洋洋说着，一手叉腰，一手指着欣欣，欣欣赶紧扮成挨训的样子。

洋洋板着脸大声说："工作一天了，下了班还陪你做作业，你却不好好做！"欣欣委屈地小声说："大人真奇怪！我没有让你陪啊！"紧接着她变成怒气冲冲的妈妈，说，"我训你都是为了你好！你懂不懂？"洋洋小声说："大人真奇怪！那我教训你试试？"

有了方向不迷茫

今天是六一儿童节，在学校举行的联欢会上，我与欣欣合说的相声《大人真奇怪》，获得了全校师生和家长雷鸣般的掌声与潮水般的笑声。欣欣负责逗，我负责捧，配合得很默契，反响比我们预想的还要好。然而，人们不知道的是，我们为此付出了多少汗水。欣欣的初稿完成后，我提出意见，两个人共同修改多次后才定稿。排练时，在怎样表演的问题上，我们发生了激烈的争论，有时甚至被人误认为在吵架。虽然为了这个节目，我们付出了很多，但是结出来的果实无比甘甜。我为此感到欣慰和自豪！

知识有力量

相声是百姓喜闻乐见的民间说唱曲艺，以说、学、逗、唱为突出特点；明清之际起源于华北，最早出现在民间杂耍艺人卖艺求生的北京天桥一带，流行于京津冀，普及于全国。相声的表演形式有单口相声、对口相声、群口相声等，主要道具有折扇、手绢、醒木等。有人考证，相声的起源可以追溯到春秋战国时期出现在诸侯国宫廷中的俳优。

21 怎么指出同学的错误

情境小剧场

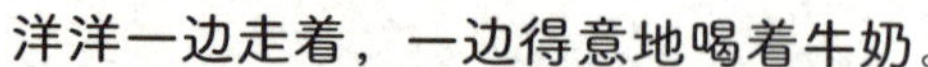

洋洋一边走着，一边得意地喝着牛奶。

欣欣　（好奇地）瞧你这么开心，今天怎么突然喝起牛奶了？

洋洋　（晃晃手中的牛奶）这牛奶是我用聪明的脑瓜儿换来的。

欣欣　你又给人出什么歪点子了？

洋洋　（急切地辩解）怎么是歪点子呢？我不但使他免受批评，还让他受到表扬。

欣欣　（恍然大悟）我明白了！小胖今天上学迟到了，他说是因为路上捡到了手机，为了等失主才迟到的！这正是出自你聪明的脑瓜儿。（指着洋洋的脑袋）

洋洋　（得意地）既然你都猜到了，我就不否认了！

欣欣　（焦急地）你这是教人撒谎……

你的好朋友教同学撒谎骗老师，这是不对的，是该批评。可是怎么批评他，才能既不伤害你们之间的感情，又能顾全他的面子，还要让他听进去呢？这就需要智慧与技巧了。我们首先要明确一点，批评不是为了训斥别人，而是为了帮他认识到错误并且加以改正。因为这个前提，我们在批评别人时一定要顾及他的面子，不能当众批评，而且只能针对他做的这件错事，而不能针对他这个人。同时还要赞美他身上的优点，高明的批评就是批评中有赞美，这样一来，对方易于接受，也就愿意去改正。

成长急救站

一、避开众人，对事不对人

洋洋与同学打乒乓球打累了，下场休息时，欣欣将他拉到一边。

洋洋说："有什么话，你直接说吧。"

欣欣说："你教同学跟老师撒谎这件事，我想跟你谈谈。"

"像这种事我也是偶尔做一次，不会老帮同学出点子骗人。"洋洋不以为意地说。

欣欣见他这种态度，就想向他直接"开火"，但她还是忍住了，说："像这种行为，明显不对，偶尔做也不行！"

二、点到即止，批评与赞美结合

“你真是啰唆，我说过偶尔做一次嘛。”洋洋不耐烦地说。

“好了，我不说了，你知道这样做不对就好。”欣欣说，“不过，你乐于助人的行为本身不可否认。还有，在紧急的情况下，你能想出这么一个点子，证明你这个‘点子哥’名不虚传！”

“那是！”洋洋得意地说，“点子哥可不是白叫的！”

三、分析原因，目的是帮助

“你帮人出这个点子，不会就是为了换牛奶喝吧？”欣欣狐疑地问。

“哼，怎么可能。小胖说他在上学路上看到一只流浪猫，他和猫玩了一会儿，到校时已经上课了，他索性躲在厕所里。”洋洋说，“下课后我去厕所时遇到了他，他便问我怎么应对班主任的盘问，我这才给他出了一个捡手机等失主的点子。”

“点子哥的出发点原来是好心。”欣欣说，“我批评你也不是针对你，是真心想帮助你，不想让你做坏事！”

洋洋有些感动地说：“谢谢你，我错了，以后不会再这么做了。”

有了方向不迷茫

今天，我批评了好朋友洋洋。听到他最后向我表达谢意，并且承认错误，表示下不为例，我既为他高兴，也为自己开心。人都是有自尊的，要让一个人承认错误并愿意改正，这其实不容易，而我做到了，能不开心吗？当得知洋洋帮同学出点子欺骗老师时，我是很焦虑的，毕竟我们是好朋友，我不希望他做这种事。虽然现在这件事不大，但我怕他以后胆子越来越大，出的点子就会危害越大。我当时就想骂他一顿，又怕他不接受，那样还会导致我们连朋友也做不了。庆幸的是，我后来找到了恰当的批评方法，最终让事情有了一个圆满的结果。

“当头棒喝”是一个佛教用语，唐代高僧黄檗禅师接纳新弟子时，喜欢给对方当头一棒，或者大喝一声，然后提出问题，让对方回答，这样做的目的是考验对方对佛教的虔诚和领悟程度。它也用来比喻严厉警告，促使人猛然醒悟。上文中欣欣对洋洋的批评也可以说是“当头棒喝”，能让洋洋及时警醒，意识到错误。

22 既要尊重自己，也要尊重他人

情境小剧场

洋洋

篮球场边，洋洋与欣欣看到篮球场中打篮球的韩小虎穿着一双已经开裂的破旧运动鞋。

欣欣 （同情地）韩小虎的鞋破了还在穿。

洋洋 他家生活太困难了，买不起新鞋。

欣欣 听说他的父母都在车祸中去世了，他现在跟着爷爷一起生活。

洋洋 听说他爷爷退休金很少，平时还得捡破烂贴补家用。

欣欣 是啊，比起韩小虎，我们真是太幸福了！

洋洋 我想帮帮他，我有一双运动鞋，平时很少穿，想送给他。

欣欣 韩小虎自尊心很强的，直接送给他会不会伤及他的自尊？

欣欣 咱们去请教扁鹊吧，请他拿个主意。

扁鹊问诊

每个孩子都成长在不同的家庭，对于那些家境较差的同学，我们要怀有同情之心，平等地看待他们，对他们保持同样的尊重；如果能力允许，可以对他们施以援手，但是帮助他们时一定不能居高临下，像是在进行施舍。我们也要从精神上关心他们，让他们摆脱自卑心理，积极健康地成长，这种关心应当是发自内心的，不可以虚情假意！人生而平等，我们没有任何理由轻视他们！

成长急救站

一、同情他，依然要尊重他

洋洋背着书包在学校门口等，他手里拎着一个袋子。看到韩小虎背着书包走出来，他招手喊着“韩小虎”，韩小虎闻声走到他跟前。

洋洋看着韩小虎脚上破旧的运动鞋，露出同情的神色。韩小虎禁不住挪动脚，将鞋开裂的部分藏起来。

洋洋笑着说：“我们是同学，没有什么不好意思的。”

二、帮助他，不能像在施舍

韩小虎笑了笑说：“洋洋，你在这里等着我，有什么事吗？”

“你脚上这双鞋该退休了。”洋洋看着韩小虎的鞋，笑着说。

“还能穿。”韩小虎不好意思地低声说。

“我注意到我们的脚差不多大，我有一双多余的运动鞋，送给你吧。”洋洋说着，将手中的袋子递给韩小虎。

韩小虎看到袋子里的鞋还是比较新的，没有接，推辞说：“谢谢，你自己留着穿吧。”

洋洋说：“我还有鞋，这双很少穿，留着就是蒙灰，不如你穿上它，让它发挥鞋的价值。”

“既然你这么说，那我就收下了。”韩小虎接过袋子，激动地连续说了几声“谢谢”。

三、关心他，应当态度真诚

“不要这么客气，同学之间互相帮助是应该的。”洋洋说。

“可我家里太穷了，我帮不了你。”韩小虎自卑地说。

“你怎么帮不了我？”洋洋说，“有一次上体育课，我的脚扭伤了，就是你背着我去医务室的。”

“那算得了什么！”韩小虎不以为意地说，“我不背，别的同学也会背的。”

“可是许多同学没有你的力气大，也没有你跑得快！”洋洋激动地大声说，“你是我不可缺少的好同学！”

有了方向不迷茫

今天下午放学后，我在校门口将一双我平时很少穿的运动鞋送给了韩小虎。他开始不好意思要，接受后，又不停地说着"谢谢"，当场穿上，开心地走了。看着他兴奋地离开的背影，我也很开心，为自己一个小小的善举而开心。记得老师曾说："爱是一种奇妙的东西，不是越给越少，而是越给越多。"现在我深切体会到了这句话的内涵。我把鞋送给韩小虎后，他很快乐，我也很快乐，这种快乐就是友爱带来的吧。

同情是指对别人的遭遇产生情感上的共鸣，它让我们的世界充满感动与温暖。同情的产生有时出于本能，有时也是一种能力的体现。对于别人的遭遇，有的人能体察到对方的痛苦，产生同情；有的人就觉察不到，表现冷漠。生活中有一些铁石心肠的人，可能是他们没有觉察到别人的痛苦，缺乏同情心。

23 善良的前提是先保护好自己

情境小剧场

洋洋

课间，洋洋与欣欣在走廊上说话。

洋洋 最近发生的一起校园霸凌事件，上了新闻头条，你听说没有？

欣欣 （悲伤地）我听爸爸跟我说起过，被霸凌的那个男生太可怜了！

洋洋 那些霸凌者真是太可恨了！那些人以欺负弱小同学为乐。

欣欣 要是你遇到霸凌，你会怎么办？

洋洋 直接打回去，他有手脚，我也有手脚。（一边说，一边挥拳踢腿）

欣欣 要是一大群人霸凌你，你也打回去吗？

洋洋嘴唇动了动，没有说出话来。

欣欣 （皱眉，拍着额头）面对霸凌怎么办，真是个让人头疼的问题。

洋洋 （沮丧地）我最近也在想，如果被人霸凌了该怎么办，可是没有头绪。

霸凌不是一个偶发事件，而是指长期、多次欺凌的行为。被霸凌时，我们首先要做的是保证自身安全，千万不要拿鸡蛋去碰石头；不要惧怕对方的言语威胁，事后要及时求助老师与家长，不要独自承担，否则不利于身心健康；霸凌者多欺凌落单者、弱小者，所以平时要多参加集体活动、多交朋友，这样一来霸凌者也不敢轻易对你下手。另外，不要将同学间的偶尔打闹与霸凌混为一谈，当然二者有时不好区别，问题的复杂性就在这里。

成长急救站

一、保证自身安全，见机行事

这天傍晚，洋洋值日，他走出校门时，一个叫高强的六年级学生拦住了他。

“点子哥，我想跟你聊聊。”高强用一种嘲讽的语气说。

“聊什么？”洋洋问。

“就是这样聊聊。”高强说着，突然一手抓住洋洋的衣领，“上次你撞了我后逃掉了，这次跟你算算账。”

“上次……”洋洋想反驳，但是想到扁鹊的叮嘱，他决定不去激怒高强。高强扇了他一耳光、踢了他两脚后，见洋洋没有反抗，便放手了。高强临走时威胁说：“敢告诉老师，你就等着瞧吧！”

二、事后及时求助老师与家长

洋洋强忍着泪水回到家里，妈妈看到他的样子忙问："怎么啦？"

洋洋愣了一下说："我被一个六年级学生打了。"

"啊！伤到哪了？快让我看看！"妈妈说，她的惊叫声引来了爸爸。

"腿。"洋洋满眼泪花，然后告诉爸爸妈妈自己受霸凌的经历，"第一次我低头走路，不小心撞到了他身上，他就把我推倒在地；第二次他奔跑时撞到了我，险些把我撞倒；今天是第三次欺负我。"

"他欺负你多次，这是明显的霸凌！"妈妈难过地说。

"我们一定要及时反映！"爸爸愤怒地说。

爸爸跑到学校，跟校方反映，又找到高强的家长交涉。此后，高强不再欺凌洋洋了。

三、多参加集体活动，多交朋友

霸凌事件之后，洋洋变得胆小畏缩。爸爸妈妈见状，不时安慰、鼓励他；欣欣除表达关心外，还发动同学们找他玩。在众人的关爱下，洋洋逐渐变得阳光大方起来。这让洋洋体会到集体的力量。此后他更积极地参加各种集体活动，与同学们打成一片，交到了更多朋友。而在这之后，洋洋无论去哪里，也都尽可能不走小路，而是与人结伴而行。

有了方向不迷茫

“霸凌”一词，我是从老师与爸妈嘴里听到的，听过好多次，耳朵都起茧了。我原本以为霸凌这种事只会出现在新闻里、发生在别人身上，不会降临到自己身上。然而，我的想法很快就被推翻了——我被人霸凌了。一开始，我还没有觉得是被霸凌，后来才意识到自己的遭遇就是被霸凌。幸亏之前就这个问题，我与欣欣去请教过神医扁鹊，他告诉我们什么是霸凌，并且告诉了我们一些应对方法。面对比自己强大的霸凌者，我没有拿鸡蛋去碰石头，做不吃眼前亏的“好汉”，事后我告诉爸妈，他们出面帮我妥善处理了这个问题。据说被霸凌后，有的人会留下心理阴影，我好像没有，可能因为我采取了科学的处理方法吧。

知识有力量

被霸凌的孩子常常会产生应激心理反应，这是孩子受到一系列严重创伤后，在短时间内迅速形成的一种精神障碍，表现为变得胆怯、自卑、孤僻、敏感、疑心重、没有安全感、自我评价降低等，还可能会形成讨好型人格，做事畏首畏尾。因此，对于受到霸凌的孩子，家长与老师要及时处理问题并进行心理辅导。

24 真正的好朋友不需要迎合和讨好

情境小剧场

操场上，洋洋一脸愤怒。

洋洋 （愤怒地）小胖当着全班人的面说我不能叫“点子哥”，应该改叫“点子酥”！

欣欣 （笑着）听起来很好吃的样子。

洋洋 （哭笑不得）他说我的点子都是……馊的，所以该叫“点子酥”！你说气不气人？！有的同学听后笑得捂住肚子。

欣欣 他在开玩笑啦。

洋洋 可是我不觉得好笑，我觉得既丢脸又尴尬。但是因为我们是朋友，我还是迎合他了，现在想想还是很生气。

欣欣 （陷入沉思）我想想……

开一些无伤大雅的玩笑，活跃一下气氛，当然是好的，但是如果拿别人的缺点或缺陷开玩笑，那就会伤害别人的自尊心。玩笑忌开得过火、不在意别人的感受，开怀有恶意的玩笑应当受到谴责。日常生活中如果被人开玩笑，对方一般是没有恶意的，我们不必在意。对于这类玩笑，我们可以有两种比较恰当的处理方式：一是置之不理，二是一笑置之。而笑对别人开的玩笑，是有涵养的表现，具体又可以有两种做法：一是接过其话头，幽默地回应；二是拿别人的玩笑做素材，进行自嘲。

成长急救站

一、沉默应对，让对方觉得无趣

这天，体育课上，体育老师准备举行一次拔河比赛。在进行人员分组时，叶旭晨看着走在前面的李欣欣，笑着对身边的同学小声说：“要是李欣欣跟我们一个组就好了。”“怎么好了？”“你瞧，她最近变胖了，分到哪个组，哪个组的胜算就会变大。”叶旭晨说着，笑得更开心了。

欣欣听到了，心里很恼火，想开口反驳，但她立即告诫自己：要冷静，别冲动。于是，她盯住叶旭晨，却不说话。叶旭晨被看得不好意思，收敛了笑容，尴尬地走开。

二、幽默回应，谈笑间化解尴尬

拔河比赛结束，欣欣所在的组取得了胜利。叶旭晨禁不住又跟同学笑着嘀咕："我说得没错吧？李欣欣在哪一组，哪一组就能赢。"有的同学笑了，有的同学见欣欣也听到了，想笑又忍住了，一时气氛有些尴尬。

欣欣决定打破沉默，正面回应，于是走到叶旭晨面前说："你神机妙算啊，可以称'叶半仙'了，你可以掐指算一下老师考试会出什么题，也可以去买彩票中个大奖！"

三、进行自嘲，显示出你的度量

欣欣幽默的话语引得许多同学都笑了，叶旭晨有些慌神，忙说："我就是开个玩笑，没有任何恶意。如果伤害到你，跟你说声对不起。"

欣欣见叶旭晨跟自己道歉，于是大度地说："你说得也没错，如果不是我身上多长出的这些肉，也许我们组真就赢不了！看来这些肉也不白长，今天就发挥作用了！"

欣欣的自嘲引得同学们开心地笑了，洋洋向她竖起大拇指说："好大的度量，佩服！都说宰相肚里能撑船，你是做宰相的料！"

有了方向不迷茫

今天的体育课上，我被叶旭晨开了玩笑，按说我应该生气的，然而此时我很开心。我能够有这样的反应，得益于我不是带着负面的情绪来回应他的玩笑，而是通过幽默的话语与自嘲来化解。我的幽默感与自嘲赢得了同学们的称赞，也得到了叶旭晨的真诚道歉。这样一来，别人对我开的玩笑，非但没有伤害我，反而让我为自己处理问题的方式感到自豪。这件事对我的触动很大：有些坏事，如果处理得当，就能转化为好事。化腐朽为神奇的魔法其实就掌握在我们自己手里，就看我们能不能克制心魔、恰当运用了。

知识有力量

“宰相肚里能撑船，将军额上能跑马。”身为一国宰相，需要协调各方面的关系、管理各种人才，难免遇到自己不喜欢或冒犯自己的人，为了国家大计就不能计较，他的肚里应该大得像江海，撑得开船；将军要指挥千军万马，遇到不合心意的人或事就皱眉，是难以打胜仗的，他的额头应该宽得像广场，跑得开马。这句话常用来形容人气量大、不拘小节。

第六章

爸妈，我有话要说

25 学习有压力，怎样向爸爸妈妈倾诉

情境小剧场

欣欣

欣欣站在操场上发呆，洋洋向欣欣走过来。

洋洋　（笑着调侃）嘿！你发什么呆呢？

欣欣　我都快愁死了！

洋洋　（神情关切）怎么啦？跟我说说。

欣欣　我数学成绩一直不太好，上次考了 70 分，爸爸妈妈很高兴，说等我考到 80 分，就给我买一条我很喜欢的裙子。又快考试了，我感觉自己考不到 80 分，压力好大啊！

洋洋　呵呵，这有什么，不要那条裙子你不就轻松了。

欣欣　没这么简单，一是上次我很自信地表了态，说我这次肯定能考到 80 分；二是弟弟乐乐也给我鼓劲，我希望自己成为他的榜样。如果考不到，我真不知道怎么跟他们说……

洋洋　我的数学成绩一般，我给不了你什么建议，放学后我陪你去找神医扁鹊问问吧。

产生压力的原因有很多，学业造成的压力就是其中一种。你的压力来自对自己要求过高，超出了自己的能力。要减轻这方面的压力，只能面对现实，降低期望值。当然，学习没一点儿压力也不行，那样就失去了奋进的动力。压力要有，但一定要适度，它应当对自己有促进作用，而不是压得自己喘不过气来。信守承诺，想兑现自己说过的话，这是一种可贵的品质，值得表扬。如果自己努力了，但确实做不到，也不要过于自责，向父母坦然说出自己的压力，取得他们的理解，获得他们的帮助。

成长急救站

一、坦然说出自己的压力，不要隐瞒

餐厅里，爸爸妈妈和乐乐一边吃饭，一边说笑着；而欣欣只顾埋头吃饭，一言不发。

爸爸觉察到了，便问："欣欣，你今天就像一只闷葫芦，怎么啦？"

"没……没事。"欣欣一边往嘴里扒拉着饭一边含糊地说。

"一定有事！今天乐乐讲了学校里发生的趣事，你居然都没笑。"爸爸说。

"是啊，我也注意到了。"妈妈附和道。

"快说快说，姐姐快说。"乐乐也插话说。

在三个人的注视下，欣欣像竹筒倒豆子一样说出了自己的学习压力。

二、面对质疑认真解释，不要争执

听了欣欣的倾诉，爸爸妈妈顿时愣住了。“怎么多考 10 分这么难，你是不是上数学课没有认真听讲？”妈妈用质疑的目光看着欣欣问。

“没有！洋洋可以为我做证。”欣欣说。

“那你是不是不喜欢数学老师？”爸爸又问。

“我对数学老师就像对数学一样，不喜欢也不讨厌。”欣欣无奈地说，“我一直在努力，可是数学成绩提不上去。”

三、取得爸爸妈妈的理解，得到帮助

爸爸妈妈面面相觑，一时间客厅里静得都能听见乐乐的口水滴到桌上的声音。

三个人都被这滴答的口水声逗笑了。

“自己努力了就好，没考好没关系。”妈妈安慰道。

“那可能是学习方法不对。”爸爸说，“也怪我没有辅导你。以后我每天抽出一些时间辅导你，同时降低期望值，只要每天有一点儿收获就好！”

“谢谢爸爸妈妈。”欣欣激动地说。

有了方向不迷茫

这段时间，我因为数学成绩问题而倍感压力，吃不香，睡不安，都快抑郁了。听了神医扁鹊的开导，向爸爸妈妈还有我那可爱又淘气的弟弟坦然说出自己的学习压力后，获得了他们的理解与帮助，我感觉轻松多了。刚才爸爸给我辅导了数学，有一道题他讲了好几遍，我都没听懂，但他很有耐心。在我表示听懂了的那一刻，他比我还开心。这真让我感动，有一瞬间我想流泪，但我忍住了。想到爸爸工作那么累，还要给我辅导数学，我真觉得自己有些对不住他。我会尽全力学习，力争像蜗牛一样不断进步，不辜负爸爸的苦心。写到这里，我的泪水不禁夺眶而出。

知识有力量

倾诉是把心里话全部诉说出来，可以达到释放精神压力的效果。河水太多了就要泄洪，否则就可能决堤。人也是一样，如果积蓄了太多的压力不及时释放，就可能精神崩溃。压力太大时，我们可以向自己信赖的人倾诉，这样做不仅可以让压力得到释放，还可以获得对方的安慰、开导与帮助，让心情放松，轻装上阵。

26 妈妈的唠叨让我很烦恼，怎么办

情境小剧场

洋洋

洋洋双手揉着头两侧的太阳穴。

欣欣 （关切的神情）洋洋，你头疼吗？

洋洋 （痛苦状）是啊，头疼欲裂！

欣欣 （惊讶地）啊！得让你妈妈带你去医院看看。

洋洋 （摇摇头）没用的，我这头疼就是妈妈造成的。

欣欣盯着洋洋，恍然大悟。

欣欣 （想笑但又极力忍住）你是说你妈妈唠叨得你头疼吧？

洋洋 你妈妈不唠叨吗？

欣欣 不唠叨那还叫妈妈吗？不过，我的症状好像比你轻一些，我的头疼一天发作两三次。（拍了拍自己的太阳穴）

洋洋 唉，咱们是患有同一种病的病友啊！

欣欣 看来只有去找神医扁鹊问诊了。

俗话讲“好话说三遍狗也嫌”，然而面对自己的孩子，妈妈可能把“穿上衣服”这样的话重复无数次。孩子听得耳朵起茧、头疼不已，甚至产生逆反心理，故意与妈妈对着干。孩子这样对待妈妈，当然不对！我们应当明白：妈妈唠叨的本质是出于对孩子的关爱。只有先认识到这一点，我们才能选择合适的方式应对妈妈的唠叨，达到既不伤妈妈的心，也不让我们头疼的良好“治疗”效果。

成长急救站

一、耐心地倾听

洋洋满头大汗地回到家，放下书包便脱去上衣，妈妈看见了，忙说：“赶紧穿上衣服，小心着凉。”

洋洋刚要大声回一句“你想热死我”，但想到妈妈是担心自己感冒，就忍住了，低声说：“哦。”

妈妈进了厨房，过了一会儿出来，对正在做作业的洋洋说：“你怎么还没穿上衣服啊？”

洋洋欲言又止，“乖乖地”穿上衣服。

妈妈满意地离开。等到脚步声远了，洋洋抹了一下额头上的汗，又把上衣脱了。

二、适当地表达

晚餐后，洋洋和爸爸妈妈说想跟他们聊一聊。

洋洋咳嗽了一声，说：“今天谈话的主题是‘妈妈的唠叨’。”

爸爸看了妈妈一眼，笑着说：“洋洋这是要对你进行控诉了。”

妈妈指着洋洋问：“我哪里唠叨了？关心你怎么就变成了唠叨？”

“您唠叨是为我好，我不否认！但是请妈妈也为它们着想一下。”洋洋说着，手指着耳朵与脑袋。

“谁让你不听话？！”妈妈气呼呼地说。

三、收集妈妈唠叨的话

“您唠叨个没完，我耳朵都快起茧了。”洋洋说着，扬了扬小本子，“我把妈妈最近一周唠叨的话记在了这里——‘上课认真听讲’24 次,说‘穿上衣服’29 次，说‘中午在学校好好吃饭’37 次……”

妈妈听着听着，神情越来越凝重。

等洋洋念完了，爸爸拿过小本子看了看，然后交到妈妈手里。

妈妈翻看着小本子,尴尬地笑了笑，说：“真不敢相信，我竟然这么唠叨！你还都标注了日期、次数……我这样太不好了。在此向洋洋道歉，妈妈慢慢改！”

有了方向不迷茫

从这个学期开始，妈妈明显比从前爱唠叨了，弄得我耳朵快聋了，头疼得快炸了。为此，我不知跟她吵过多少次，也不知跟她对着干了多少回，但是就像往鸭背上泼水一样——没用！反而她唠叨时的嗓门儿越来越大，频次越来越高。就在我快要疯掉之际，我得到了神医扁鹊的指点。通过和爸爸妈妈聊天、记录妈妈唠叨的话等方式，我让妈妈意识到了自己的问题。她还向我道了歉——妈妈的道歉太珍贵了，我要永远记住这个日子。妈妈经常教育我说“知错能改是好孩子”，现在我想说：“知错能改是最好的妈妈！”

知识有力量

妈妈爱唠叨，孩子多“话痨”。4 岁左右的孩子往往特别爱说话，是一个“小话痨”。这是孩子成长过程中的正常现象。此时他们处于语言爆发期，自我意识越来越强，对身边的事物充满好奇，也有了自己的认识，于是产生了强烈的表达欲望。虽然他们滔滔不绝地讲话有时也让家长头疼，但抓住这个关键期，能让孩子的语言表达能力得到良好的发展。

27 我闯祸了，该不该跟爸爸妈妈说

情境小剧场

洋洋

洋洋 （紧张地）欣欣，我闯祸了！

欣欣 （好奇地）啊？你闯了什么祸？

洋洋 我把妈妈的花盆摔了。妈妈还以为是王叔叔的狗碰倒的呢！

欣欣 这是怎么回事？

洋洋 周日，爸爸的同事王叔叔来我家做客，妈妈做饭，爸爸陪王叔叔聊天，我则逗王叔叔的狗玩。在爸爸妈妈的卧室里，我碰碎了花盆……

欣欣 哦，我明白了，最后你赖到狗身上。你找到了“替罪狗”，可又良心不安。

洋洋 （尴尬地）嗯嗯，我在想要不要主动认错……

做人要诚实，这是基本的道德素养。犯错了主动承认，这是有担当的表现。因此，向妈妈认错，向王叔叔认错，甚至向他的爱犬“道歉”，都是你必须去做的，这没有什么可犹豫的。虽然认错可能会让你受到责罚，但是能让你心安，不会受到良心的谴责，就是值得的！再说，一个勇于主动认错的人，他就是一个战胜自己的强者，更能赢得别人的尊重！一个犯了错却极力推诿的人，是令人不齿的！好好认个错吧，取得对方的谅解，你可以从以下三个方面来进行……

成长急救站

一、认错态度诚恳，愿意承担后果

洋洋走进爸爸妈妈的卧室时，看到妈妈正站在窗台前发呆，那个破碎的花盆被摆放在窗台上。

洋洋走到妈妈跟前，歉疚地说：“妈妈，其实花盆是被我碰倒摔坏的！”

“啊？！”妈妈惊叫起来，“原来是你碰倒的！”

“我不该赖到王叔叔的狗身上。”洋洋说。

妈妈盯着洋洋，嘴唇动了动，但没有说话。

二、说清楚来龙去脉，从中吸取教训

“我跟王叔叔的狗玩，它在后面追我，我就跑到了这里，不小心碰倒了花盆……”洋洋详细说着那天的情形。

“在家里要稳重。”妈妈语重心长地说。

“我会吸取这次的教训，以后会注意的！”洋洋郑重地说。

三、取得对方谅解，获得有益教导

“你能主动认错，是个有担当的小男子汉，妈妈很欣慰。”妈妈笑着说。

“您就这样原谅了我，不责罚我吗？”洋洋吃惊地问。

“当然要责罚你。”妈妈突然板起面孔说。

“啊！”洋洋一下子紧张起来。

“碗还没洗呢。”妈妈说，“你去把碗洗了。”

“好的，妈妈！”洋洋笑着敬了一个礼。

“洗碗时好好想想怎么跟王叔叔打电话道歉！”妈妈叮嘱道。

“嗯，我还要想想怎么跟王叔叔的爱犬‘道歉’！”洋洋认真地说。

有了方向不迷茫

前几天我摔坏了妈妈心爱的花盆，虽然当时为“找到王叔叔的狗替罪”而庆幸，然而事后我一直良心难安：自己犯的错，却诬赖到一只狗身上，这不是男子汉所为。虽然知道自己错了，但是始终没有勇气向妈妈认错——一方面是爱面子，另一方面也是怕受到妈妈的责罚。今天傍晚，我终于鼓起勇气向妈妈认错，说明情况，求得了她的谅解。认错之后，压在我心上的石头卸下了，我顿时轻松多了。令人意外的是，妈妈并没有怎么责罚我，反而对我主动认错的行为表达了赞赏，感到了欣慰。这件事让我深切地认识到：犯了错就要勇于承认，加以改正，并从中吸取经验教训。

知识有力量

“知错能改，善莫大焉”是流传千古的名言，出自《左传》。这句话的意思是：认识到错误并能够改正，没有比这更好的事情了。的确如此，人都爱面子，一个人勇于主动认错，已经很难得了；如果他还能加以改正，就更难得了。“浪子回头金不换”说的也是这个道理。

28 伤了父母的心，怎么挽回

情境小剧场

欣欣 我今天跟爸爸妈妈都闹别扭了。

洋洋 怎么回事呀?

欣欣 吃饭时,爸爸夹给我一块排骨,我不想吃，闪避时排骨掉到了地上。爸爸说我不想吃是因为零食吃多了，我一气之下扔下筷子不吃饭了。

洋洋 排骨多好吃呀，下次给我留着。

欣欣 还没完呢。出门时，妈妈说天气冷，让我穿一件厚外套，我说不冷不想穿。妈妈一定要我穿，还把外套往我身上套，我将外套甩到地上，摔门而去。

洋洋 难道你没有听说过吗？有一种冷叫“妈妈觉得你冷”。

欣欣 我这样做肯定伤了他们的心。

洋洋 我也有类似的苦恼。等放学了，我们去找神医扁鹊问问。

扁鹊问诊

付出的是爱，收获的是怨，这是缺乏良好沟通的结果。“爱”是世界上最温暖的词汇，但有时父母的爱反而成为孩子的负担，引起孩子的不满；而孩子表达不快时又伤了父母的心。这种因爱而产生的伤害，是多么令人遗憾啊！爱本来可以增进感情、传递温暖，结果让双方都不愉快，付出爱的一方更是感到委屈与难受。这时，承受爱的一方理应主动站出来化解矛盾——对方施予的爱你可以不接受，但如果因处理不当给对方造成了伤害，就应当及时认错、说明情况，最好用实际行动进行补救。

成长急救站

一、心存感恩，及时认错

欣欣走进家门时，弟弟乐乐在看动画片，本来爸爸是面对她坐在沙发上看杂志的，一看到她就赶紧背过身去；本来厨房的门是开着的，正在洗菜的妈妈听到动静也把门关上了。

欣欣知道今天的行为伤害了爸爸妈妈，她主动给爸爸倒了一杯水，又到厨房帮妈妈洗菜，整个过程都没说话。

吃晚饭时，欣欣突然放下筷子对父母真诚地说：“爸爸妈妈，今天我伤了你们的心，请你们原谅我。”

二、知道自己错在哪里

“不喜欢可以好好说，不能乱发脾气。”妈妈说。

“事后我也很后悔，当时只考虑到我自己的感受，乱发脾气，伤了爸爸妈妈的心。”

三、采取行动，将功补过

爸爸笑着说：“我不该强迫你吃排骨，更不该提你吃零食的事。”

妈妈也笑着说：“我也做得不对，把你当成小宝宝了。我女儿这么聪明，难道连冷热都不知道吗？”

“还是我错得更严重一些，不该那么粗暴，伤了你们的心！”欣欣说，“为了将功补过，我负责扫地一周！”

“哈哈……”乐乐突然兴奋地大笑起来说，“我和姐姐一起打扫！”

有了方向不迷茫

吃饭时，爸爸给我夹排骨，我不想吃，最后还扔下筷子不吃了；妈妈怕我冷让我穿厚外套，我不想穿，最后还把衣服甩到地上。爸爸妈妈这样做完全是出于对我的关爱，我不接受，可以向他们表达谢意，好好跟他们说清楚，怎么可以粗暴对待呢？这让他们多么伤心啊！幸亏我反省得及时，认识到错误并及时向他们道歉，获得了他们的谅解。我扔筷子时爸爸失落的表情、甩衣服时妈妈难过的神态，现在回想起来，我心里都十分愧疚。我一定要吸取这次的教训，以后遇到类似的事情，不再犯同样的错误！

知识有力量

沟通不畅，往往会让父母付出爱却收获怨。与此类似的名言有“我播下的是龙种，收获的却是跳蚤”。这句话是19世纪德国诗人海涅说的。这是一句很有意思的话：播下的是龙种，收获的不是小龙，而是跳蚤，这多么让人失望啊！它反映了诗人对当时社会现实的不满。其实，天下的父母都希望自己的孩子平安幸福、长大后有出息，我们要理解父母的苦心！

第七章

别笑！我要让梦想成真

29 我的理想太多了，不知道要追求哪一个

情境小剧场

洋洋

洋洋背着书包，一边走出校门，一边拍打着脑袋，欣欣见状追了上去。

欣欣 （关切地）洋洋，你怎么啦？头疼吗？

洋洋 是啊！我的脑袋都快爆炸了！

欣欣 （惊讶）啊！那赶紧让阿姨带你去找医生看看呀！

洋洋 （笑了）我的脑袋里挤满了各种理想，每一个都想让我去追求它！

欣欣 哦，你是为这个头疼啊！你有哪些理想呢？

洋洋 机器人工程师、飞行员、探险家……都是我的理想！

欣欣 我跟你同病相怜啊！

洋洋 啊！原来我们是“病友”。你有哪些理想呢？

欣欣 我就不说了，说了头更疼。

洋洋 唉！没有理想就像没头苍蝇，不好！理想太多了，不知追求哪一个，也烦！

一个人拥有多个理想是很正常的。但是，当无法确定追求哪个理想时，你可能会感到困惑和不知所措。这时你需要分析各个理想的优点、缺点和可行性，找出其中最值得追求的和最有实现可能的。如果你还是无法确定追求哪个理想，那就尝试去实践、探索。通过阅读、学习等方式，深入了解每个理想，最终找到自己最想实现的。你需要明白：人的精力与时间有限，你必须有所取舍。只要慎重做出了选择，就不必过于纠结和担心。努力去追求自己的理想吧！

成长急救站

一、分析可行性，确定优先级

通过扁鹊的点拨，洋洋意识到：要找到最适合自己的理想，需要评估这个理想是否具有实现的可能性。如果理想过于高远或不切实际，那么就需要重新考虑或调整。同时，还要评估实现理想所需的时间和资源——自己能坚持下去吗？自己的资源充足吗？此外，也要考虑自己的兴趣和优势。如果理想与自己的兴趣或优势相关，实现起来会更容易。

二、多探索实践，找到最想追求的

洋洋听说过一句话：实践是检验真理的唯一标准。现在他认识到：当自己理想太多时，实践是找到最佳理想的最有效方式。如果无法仅凭分析做出选择，那么就要多尝试、多探索、多实践。尽可能地进入各个理想的相关领域参观、咨询……从而获得真切的体会、直观的了解，观察哪个理想最能激起自己探究的热情，通过比较，找到最想追求的理想。

三、任何选择都有风险，不必过度纠结

扁鹊说，追求任何理想都需要付出代价、承担风险！这一点让洋洋特别受教。理想不会自动实现，需要我们付出努力和时间，这就是代价。而且，选择了这个理想，就要放弃或搁置其他理想，可能会选错，但必须承担这种风险。尽管如此，我们也不必过度纠结、患得患失。既然已经做出了选择，那就全力以赴去追求它。在追求理想的过程中，我们需要学会坚持并克服困难，同时保持平和开放的心态，根据情况适时调整自己的行动计划。

有了方向不迷茫

这个世界丰富多彩，我的理想太多了——想成为机器人工程师、飞行员、探险家……为此，我一度感到苦恼，不知该往哪个方向努力。虽然，我现在把很多精力与时间用在了钻研机器人上，但时常为“冷落”了飞行员梦、探险家梦而苦恼。它们也时常闯入我的脑海，对我高喊“追求我”，搅得我心神不宁、十分烦躁。经过扁鹊的开导，我对这个问题有了新的思考：我不可能做到面面俱到、十全十美，有遗憾才是人生的常态。任何选择都存在风险，都需要付出代价，我不必纠结，努力去追求就行了。

知识有力量

有这样一句话：“风险与机遇并存，希望与困难同在。”追求理想就是这样：选择理想时，你有选错的风险，也有实现不了的风险。然而，当你确定理想并追求时，你就拥有了实现人生价值的机遇。理想能点燃人生的希望之灯，但追求理想的过程充满困难与挑战。这句话启示我们要辩证地看待问题：是风险也是机遇，有困难也有希望！

理想过于远大，感觉难以实现，是否放弃

情境小剧场

课间，欣欣噘着嘴看自己的数学试卷，一副难过的样子。

洋洋 （不解地）你的数学考得不差呀，怎么了？

欣欣 我的理想是上北京大学（后文简称北大）。你觉得这样的分数，我能考上北大吗？

洋洋 （惊讶地）你的理想真够远大的！

欣欣 暑假去北京旅游时，参观了北大，我当时就萌生了这个想法。

洋洋 你藏得够深的。既然你的理想是上北大，那我的理想就是上清华大学！

欣欣 啊！我是不是应该尽早放弃啊？我该怎么做呢？

当理想过于远大时，不要指望一口吃成胖子，而要做好打持久战的心理准备。我们可以将理想看作一个大目标，将其分解成若干个小目标，一步一步去实现。这样可以降低难度，也能时时获得成就感，从而增加实现理想的可能性。不要因为理想过于远大而放弃，要学会调整自己的心态，保持积极乐观的态度，相信通过自己的不断努力，理想会照进现实。如果确实感到困难，可以向家人、朋友、老师或专业人士寻求帮助和建议，他们能从不同的视角提供方法，帮助你更好地实现理想。

成长急救站

一、化整为零，分解目标

欣欣决定将考上北大这个理想分解成若干个小目标，一步步实现。比如她的数学成绩一般，她就将考高分这个目标分解成每天的小目标——每天做 10 道数学题，逐步提高自己的数学成绩。这样不仅可以增加实现目标的成就感，也可以减轻压力，更容易坚持下去。

二、调整心态，保持乐观

欣欣认识到上北大这个理想的确够远大，但是也不能因为遥远而泄气，因为宏大而被吓住。在学习和成长的过程中，我们难免会遇到失败和挫折。这时候，需要调整自己的心态，从中吸取经验教训，不断总结和反思，以便更好地应对未来的挑战，才有可能实现自己的理想。在追求理想的过程中，肯定会遇到许多困难和挑战，我们要保持积极乐观的心态，坚信自己可以克服一切困难，实现既定的目标。

三、利用资源，寻求支持

让欣欣感到欣慰和充满力量的是，对于她的远大理想，父母表示会大力支持。赵老师和洋洋也鼓励她不要放弃，有困难可以找他们。在追求理想的过程中，欣欣觉得自己并不是在孤军奋战。遇到困难，自己通过努力解决不了，可以寻求身边人的支持和帮助，一起分析问题，想出解决问题的办法；还要善于充分利用一切学习资源，比如图书馆、博物馆、网络等，做个有心人，随时随地都可以进行学习。

有了方向不迷茫

对于还在读小学的我来说，上北大这个理想虽然远大，但也不像自己想象的那么遥不可及。我知道，实现这个理想需要付出很多努力。我需要在学习上下功夫，不断提高自己的知识水平和能力；也需要培养自己的综合素质，包括思维能力、创新能力、沟通能力等。这些都需要我在日常生活中不断锻炼和提升。当然，这并不是一件容易的事情，我会遇到很多困难和挑战，但我相信只要坚持不懈、稳步前进，就可以离目标越来越近。

知识有力量

先秦思想家荀子说："骐骥一跃，不能十步；驽马十驾，功在不舍。锲而舍之，朽木不折；锲而不舍，金石可镂。"大意是骏马一跃，也不足十步远；劣马连走十天，也能到达目的地，劣马的成功来源于坚持不懈。如果刻几下就停下来了，那么腐朽的木头也刻不断；如果不停地刻下去，就是坚硬的金石也能雕刻成功。

31 当理想被别人嘲笑时，该怎么应对

情境小剧场

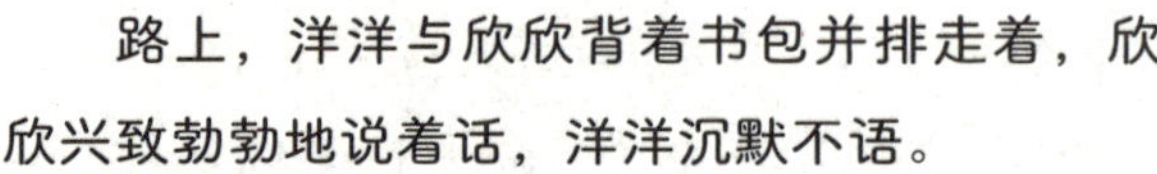

路上，洋洋与欣欣背着书包并排走着，欣欣兴致勃勃地说着话，洋洋沉默不语。

欣欣 （关切地）洋洋，你这是怎么啦？

洋洋 我成了别人嘲笑的对象。

欣欣 嘲笑你什么呢？

洋洋 我跟你说我想考清华大学的那些话，不知怎么传开了……

欣欣 （盯着洋洋）你不会怀疑是我传出去的吧？

洋洋 （摆手）当然不会！我怎么会怀疑你呢？

欣欣 也许是当时我们说话时没有注意，被别人听到了。

洋洋 被别人嘲笑了，不过我脸皮厚（苦笑），倒也没多大事！

欣欣 那就好，别理那些爱议论的人！

洋洋 可我还是想好好处理一下这件事……

被别人嘲笑，对于大多数人来说是一件十分痛苦的事情。被嘲笑和否定，不仅会让人自尊心受创，也会使人感到自己的努力和付出都是徒劳的。然而，我们生活在多元化的社会中，每个人都有自己的价值观和看法。因此，遭受批评、嘲笑和质疑是不可避免的，这时我们不应该退缩，而是要坚定信念、相信自己，采取积极的应对策略。积极与人沟通，寻求他人的支持和帮助，并通过实际行动证明自己的实力和价值。随着时间的推移，你会发现，曾经的质疑和批评会变成迈向成功的动力，而你已经在实现自己理想的道路上稳步前行。

成长急救站

一、坚定信念

其实，扁鹊对洋洋讲的话不止上面这些，洋洋将他的话录下来，时不时打开听听，边听边思考：如果别人嘲笑你，说你的理想不可能实现，你的第一反应很可能是心灰意冷。但这时候，你要做的是深入思考并重新审视自己的理想，确保其值得追求；然后，制订计划，采取行动，而不要成为思想上的巨人、行动上的侏儒！这样一来，你就能够坚定信念，更有动力去实现自己的理想。

二、尝试与对方进行沟通

如果别人对你充满质疑或者给出负面评价，你可以直接与他们交流、沟通。或许对方对你质疑的原因是对你的理想缺乏了解，因此交流通常可以消除误解。除此之外，邀请对方提出建设性的意见可以帮助你更好地了解自己需要改进的方面，提升自己的能力。

三、寻求他人的帮助和支持

当受到嘲笑时，你还可以寻求他人的支持和帮助。找到一些志同道合的人，你可以在这个群体中分享想法，倾诉困惑。相信从他们身上你会得到理解、支持和鼓励，从而减轻嘲笑给你带来的心理压力，使你更加坚定地追求自己的理想。你要明白，寻求他人的帮助和支持是非常重要的。他们能提供不同的观点和经验，帮助你更好地理解自己的理想和目标。在这个过程中，你需要保持开放的心态，听取他们的意见和建议，做出正确的选择。

有了方向不迷茫

我一直没有想过将来要考什么大学，直到欣欣那次说她的理想是上北京大学，我便说我想上清华大学。虽然当时是随口说的，但是我并没有转头就忘，而是在认真想这个问题。像欣欣一样，我也觉得这个理想太远大了，但是既然是理想，为什么不可以远大一些呢？于是我比以前更认真地学习了。就在我为实现理想默默努力时，我听到了同学的嘲笑声。对此，我没有生气，只是静静地想应该怎么处理这个问题。经过自我心理调整，还有欣欣、爸爸妈妈等人的鼓励与支持，尤其是和嘲笑我的两个同学沟通后，我现在对追求这个理想更加坚定了！

知识有力量

"思想上的巨人，行动上的侏儒"这句话通常用来形容那些有着远大的理想和高深的思想，但缺乏实际行动和勇气的人。他们常常空谈理论、纸上谈兵，在实际行动中缺乏执行力。这句话揭示了思想和行动之间的联系和区别。我们需要依靠思想来指引前进的方向，也需要通过实际行动将其变为现实。